日本の観光
きのう・いま・あす
現場からみた観光論

須田　寛
Suda Hiroshi

交通新聞社新書 107

はじめに

筆者は永年にわたる鉄道会社勤務のなかで、主に観光を含む営業関係の部門に勤務してきた。今も鉄道会社のほか商工会議所、観光協会等で観光の仕事の手伝いを続けている、いわば観光実務の担当者でもある。

最近「観光立国」の声の高まりと共に様々な観光への取組みが急伸しつつある。このため観光関係の人材育成の必要から各地の大学等に観光学科・学部等が開設されるようになった。筆者もいくつかの大学で非常勤講師として観光の講義も担当している。「観光学」は比較的歴史の浅い学問であることもあって、参考文献がまだ少なく、授業のためにも、また筆者自身の学習のためにもやや物足りなさを感じていた。そこで観光の参考書を自分でもつくることを考えた。本書もそのひとつである。しかし、筆者は実務担当者であって学者ではないため、学問的な知見を整理するというより、自分の実務経験を振り返りそこから得た教訓等、筆者なりの観光への学習成果をまとめたものをつくるのが精一杯であったことをまず反省しなければならない。ただ実務担当者の書いたものであるだけに、観光の実際、その課題等をとりあげたうえ、「新しい観光」をつくりあげようとする観光担当者の誰もがもつ意欲とそれへの具体的な動きはある程度描写できたかと思っている。

実務者からみた観光の今の動きを記述することから今後にむかって発展していく観光の姿を描く、いわば「動態観光論」ともいうべきものにまとめようとしたのが本書の目標でもある。

筆者自身の浅学非才もあって、学問的掘りさげが不十分であり、動態論も未完の部分も多く残されている。読者諸賢がご自分の学習や実務経験等を通じて、そのような足りない部分を諸賢の「心」のなかで補い、完結していただければと期待する次第である。筆者も及ばずながらさらに努力を重ね、筆者自身の観光論（観光学）習得をめざしたいと思う。

読者諸賢の本書についてご意見ご感想をお寄せいただき、それを通じてまだ未熟な筆者の観光論構築にご指導いただくことができれば望外の喜びである。

日本の観光　きのう・いま・あす――――目次

コラム

第1章

観光とは〝なにか〟

―観光の「意味」と「役割」―

（1）「観光」とは〝なにか〟

最近「観光立国」「観光まちづくり」「広域観光」等々「観光」という言葉をたびたび耳にするようになった。総理大臣の演説に「観光」という言葉が出てきたり、「観光大学」「観光学部」が各地に開かれたり、ちょっとした言葉ブーム現象でさえある。しかしこの言葉を使っている人、また聞いている人のなかには様々な違った意味でこの言葉を受け止めている人も案外多いように思われる。

「観光」とは〝なにか〟を理解する前に言葉がひとり歩きをしているように思えてならない。観光の実務に携わってきた筆者も漠然とした理解のもとに、いわば流行語のように「観光」という言葉を使っていたことを反省している。そこで筆者もあらためて「観光」とは何だろうか考え直してみることにした。いろいろ文献を調べ、識者の意見を聞いたりして、真の観光の意味を知ろうとそれなりに努力してみた。以下は筆者が学んだ観光とは〝なにか〟である。

①観光―その語源

いまから二千年程前中国に『易経』という書物があった。中国の儒教の教えをまとめたものである。そのなかに「観国之光　利用賓于王」という言葉が出ている。日本語読みで訓読してみると「国の光を観るはもって王の賓たるに用いるによろし」となる。辞書等によるとこれが「観光」の語源だとされる。当時の中国はまだ群雄割拠の時代だったから、「国」とは、一地域（現在の一省もしくはそれ以下の規模のもので地域と考えるべきもの）のことを意味する。「光」とは文字通りすぐれたもの、美しいもの、ないしは誇るに足る地域の特色のことをいう。「観《み》る」とは心をこめて見る、心をこめて学ぶことで「見《み》る」より心の動きという点が重視された言葉である。また同じ「観」を「観《しめ》す」とも訓するが、これも心をこめてみせる、誇りをもってみせることを意味するという、やはり単に「示す」というより心にふれた深い意味があらわされている。後段の「王」とは地域の首長（知事・市長のようなものか）のことで、「利用賓于」という表現で地域に客を迎える際観光を心がけ、それによって人的交流を深めることが首長のつとめであると易経は教えているのである。即ち「地域のすぐれたもの、美しいものを多くの人々が心をこめてみ、かつ学ぶこと、またそれのためにその美しいものを地域をあげて心をこめてみて貰う」よう努力をすること、それによって「人的交流を促進すること」が「観光」の語源であり、その意味であるとするのが通説である。

これが、「観光とはなにか」という疑問への答えだと思う。

人間同士の交流がいかに大切であるかを説き、それを進めるのが為政者の責務だと踏み込んでいるところにこの書物の教典としての意味があると思う。

「観光」は世上「物見遊山」といわれるようなただの遊び、趣味的活動にすぎないと考えている人が多い。しかも退廃的ないかがわしい遊びを指すとまで誤解している人もいる。実際敗戦直後、観光〇〇、〇〇観光等という会社には風俗営業にかかわるものが多かった時期があった。このため「観光」は単なる非生産的な遊びと誤解され、「学び」「勤労」とは対極にある「遊び」と同義語とさえ思われていた（今もそのような考えをもつ人が多い）。このため観光のもつ文化経済行動としての評価が小さく、その社会的な地位が低くみられる。筆者も観光への協力依頼に企業経営者、経済団体等に要請に行ったとき、「今忙しいからできない、観光などはヒマの人がやればいい」「この経済団体は観光などに金を拠出できる構造にはなっていない」等と門前払いされ、くやしい思いをしたことを思い出す。確かに観光に参加するには観光は楽しいものであってほしい。従って、観光のなかに遊びの側面があることは事実である。しかし、それは観光の一部分であり観光に参加する動機、手法のひとつであるにすぎない。「観光」とは前記のように地域のすぐれたもの、美しいものを心をこめて「観」また「観《しめ》す」こと、そして「人的交流をはかること」以外の何ものでもなく、「観光」は人間の本能（よそのものを見たい）にもとづく文化的経済的行動なのである。この点を多くの人が正しく理解することが「観光立国」の第一歩だと思う。

②「観光」ーその語意の経緯

前記のように「観光」という言葉は中国にその語源がある。日本にも易経が伝わる際に当然この言葉が伝わっていたと考えられる。しかし、文献等にこの言葉が出てくるのは江戸時代以降が多いようだ。そして明治の開国後から広く官民にわたってこの言葉が使われるようになった。しかもその時代には語源（易経）の意味通り正確に使われていた。幕末日本がオランダに発注した洋式軍艦は「観光丸」（他の一隻は有名な「咸臨丸」）と命名されたが、その名の通り開国後海外視察団や海外への留学生の渡航に使われた。まさに外国の「光」を心をこめて学ぶための船であった。極めつきは明治4年右大臣岩倉具視が国の命を受けて欧米の政治経済事情視察団長として海外に派遣されたときのことである。帰国後に帰朝報告書が国に提出され、それが内閣（太政官）から公刊された。図1-1のように表題が「観光」と大書されていることに注目したい。外国の「光」を観、かつ学んで来た報告書の題として国の刊行物に「観光」という言葉がその語源通りの正確な意味で使われている。今もし国の視察団が海外を訪問しての帰国報告書に「観光」という

図1-1　『米欧回覧実記』より

出典：岩波文庫、昭和52年より

表題をつけたら何といわれるであろうか。この後も各地に「観光」の言葉が普及（国も国際観光ホテルを建設する等積極的に観光事業を展開）したが、日本が戦時体制に入ると当時の政府（軍主導）は「観光」は不急不要の施策だとして自粛命令を発した。「観光」という言葉も禁句同然となった。定期観光バスが「聖蹟巡拝乗合自動車」（京都）と改名させられたり、国の国際観光局も廃止の憂き目をみた。敗戦で「観光」行動や「観光」の言葉は解禁されたが、当時ほとんど使われていなかった「観光」をさっそく多用したのが風俗営業であった。このため一時「観光」は風俗営業を意味すると誤解されるほどであった。敗戦後は国際観光がいち早く復活、国内観光も復活復興が終って経済成長時代に入った。昭和30年頃から観光は爆発的に伸び、「観光」の言葉も本来の意味で幅広く使われるようになり、今では「観光立国」と国の重要施策の標題とまでなり、言葉の市民権（?）を完全に回復したのである。

しかし前述のような時代の記憶が人々の間に残り、また先入観ともなっていたため、「観光」に対する正しい理解がないまま観光の遊びとしての側面だけが強調されつつ観光が普及していったのは残念なことであった。今一度原点にたって「観光」の意味を反芻し、人間の本能に根ざす文化行動、経済行動である真の観光として多くの人々に認められるよう正しい「観光の意味」を、再認識したいものと思う。

③観光—その行動

観光は多くの場合、「観光客が日常生活の場を離れて観光地等観光資源のあるところに赴く旅行（移動）を伴う行動」である。先記の観光の語意からみてどのような人の動きが「観光」なのかあらためて考えてみたい。言いかえれば前述の語意の面からみた観光の定義に対応する行動面からの観光の定義と言えよう。

観光とは「①観光の意思をもって、②日常生活の場を離れて観光地等へ赴くことにより、③観光の対象（資源）にふれ、④非日常的な見聞体験をすること」をいう。そしてそれは「⑤主として余暇時間を用いて行うもの」が中心となると考えられる。

様々な人間の行動が観光なのかどうかは観光客の心境、即ち観光意思の有無と非日常的行動かどうかによってまず判断される。

例えば観光客が多く訪れる有名観光スポットでの場合、毎朝日課の散歩でそこを（観光意思をもたずに）訪れる地元の人は観光客とはいえない。他地域から非日常的行動として観光したいとして訪れる人々が観光客ということになる。また代表的な観光資源とされる景勝地でも付近居住の人にとっては日常的なものであるからその景色は観光対象（資源）とはならない。しかし、観光の決め手というべき観光意思の有無を観光客一人ひとりに問うことは実際問題として困難である。

従って現在、観光客数等観光にかかわる多くの実績数値や目標数値が掲げられているが、観光客の実数は推計によるものが中心になっていることを念頭におく必要がある。

即ち観光は個人の心のなかにある観光意思（人によってその発生に個人差がある）がその原点にあるからだ。そこで具体的行動を外見からみて観光と推定したり、その傾向を最大公約数的にとらえたりしたものが観光実績とみなすほかないのである。

従って、観光は定性的把握は可能であるが、多くの分野で定量的把握に限界があるものが多い。このことは観光が人間の心に根ざす奥深い行動であることを示しているともいえよう。

（2）観光の特性

①観光は「文化行動」

観光とは非日常的なものを求めて多くの人々が観光対象（資源）にふれるため移動することから始まる。そして多くの観光対象が集積するいわゆる観光地ないし観光圏では地域内にも様々な、また複雑な人の流れが交錯する。観光による人の流れは観光地の住民と観光客との出合いと交流をそこに生み出すことになろう。そこに人的交流が生じ、地域社会の活性化がもたらされることになる。この人的交流の促進は、地域文化の創成発展の原動力ともなると考えられる。「文化」

とは「有形無形のものに手を加えてその価値を増加させる人間の営み」と定義づけられているが、人間の交流がその創成発展に寄与してきたことは歴史の示すところである。観光によって生ずる人と人とのふれあい、即ち人的交流こそ地域の文化創成発展の営みに他ならない。

歴史を辿ると日本古来の文化が国の文化としてまとまった時期は奈良時代といわれる。この文化は大陸（中国・朝鮮半島）との交流の産物でもあった。即ち日本からも遣隋使、遣唐使等の使節のほか、留学生等多くの人々が大陸にわたり現地の人々と交流をはかり、勉学に見学に励んだ。また大陸諸国の人々（学者、高僧等）が相次いで日本に渡来し、様々な大陸文化を伝えると共に日本文化も学んで戻ったといわれる。日本文化の大きな基盤となった仏教の伝来等はまさにその成果であった。即ち奈良時代頃までに日本固有の地域に育った文化が大陸諸国の文化と当時の内外の人々の交流によって融合し、そこに新しい日本の文化が形成されていったといえよう。

このように観光は人的交流を盛んにすることを通じて地域ないしは国の文化の創成発展（促進）の効果をもたらす。観光は文化活動とされる所以である。同時に観光によって発展した国や地域の新しい「文化」が新しい観光対象（資源）をつくり出し観光をさらに活性化させるという相互循環の関係がそこに生ずる。この観光と地域文化との好循環をもたらすべく観光と国の文化が互いに磨きあいつつ発展するように努めなければならない。

②観光は「経済行動」

観光による多くの人々の移動（交流）はそこに大きい資金の流れを生み出す。観光の経済効果がそれである。経済とは「人間生活にかかわる財貨・サービスの生産、交換、消費にかかわる諸関係の総称」と辞書では定義されている。観光によって生ずるこれらの経済効果は膨大な金額にのぼる。

（注）国の試算によれば、観光にかかわる観光産業の年間生産（消費）額は直接効果のみで約24兆円（年間）、間接効果を含むと総額約50兆円に近く国内自動車総生産高に匹敵しＧＤＰの５％にあたる金額にのぼる。観光の経済効果は観光（関連）産業を通じてもたらされるので、観光産業は日本の基幹産業のひとつといわれるようになった。

具体的内容は、観光に伴うサービスへの対価、物品（みやげ物等）購入代金、宿泊料、交通費支払等の物品、サービス提供に伴う収入、販売物仕入、観光施設維持運営経費等の支出等がその主なものである（図１－２）。

さらにこのような観光に伴う諸サービス提供、物品販売、宿泊交通等を行う観光産業は、大きい雇用効果も創出する。

図1-2　国内における旅行消費額（平成26年）

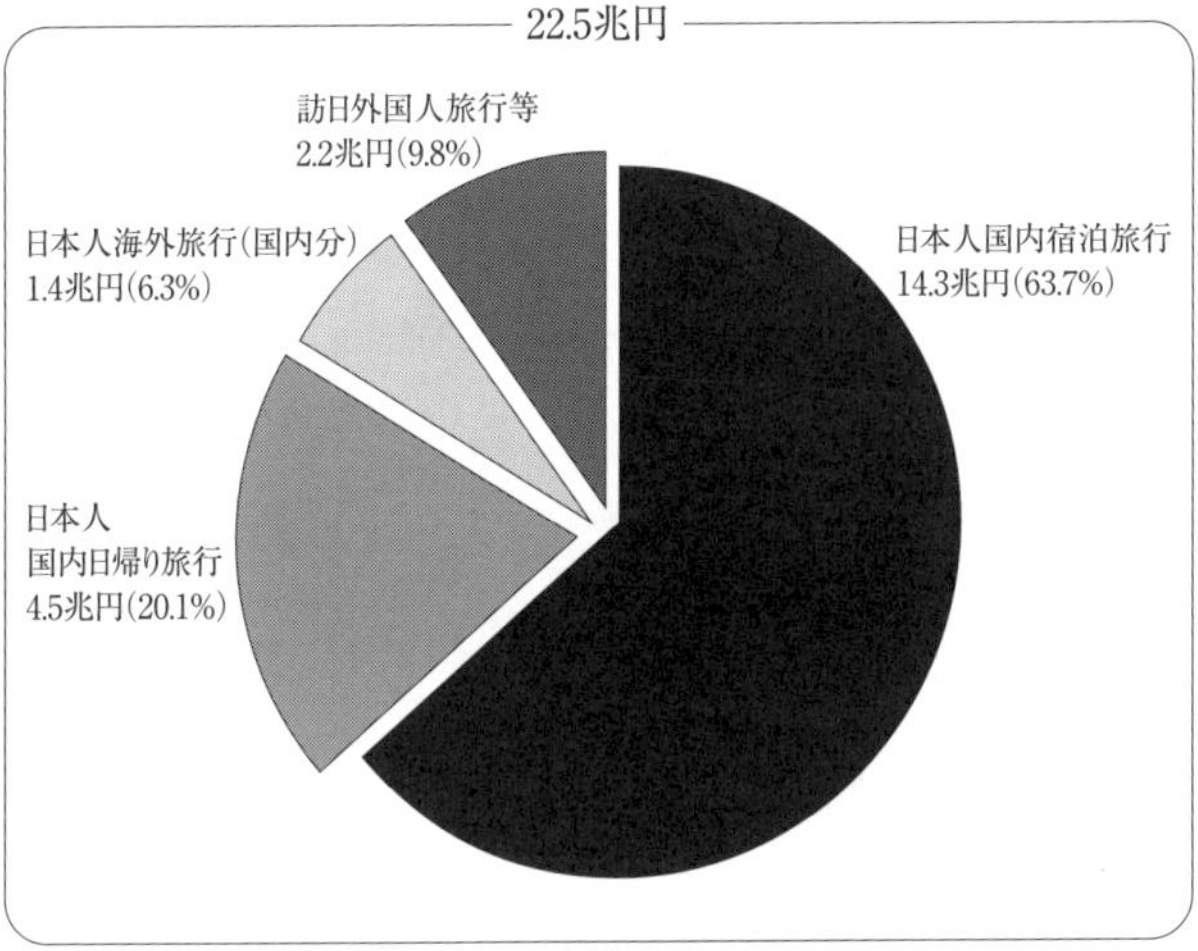

我が国経済への貢献度（経済効果）

生産波及効果	46.7兆円…4.9%（対国民経済計算 産出額）
付加価値誘発効果	23.7兆円…4.9%（対名目GDP）
雇用誘発効果	394万人…6.1%（対全国就業者数）
税収効果	4.5兆円…4.9%（対国税＋地方税）

（注）国土交通省観光庁「旅行・観光消費動向調査」、財務省・日本銀行「国際収支状況（確報）」による

（注）国の試算によれば直接雇用で約２００万人、間接を含むと約４００万人の雇用効果があるとされる。

このような大きい経済（雇用）効果は、観光のもつ経済行動としての特性に由来すると考えられる。しかもこのような観光の経済効果は他産業のそれと異なり、大都市圏以外の地方での経済活動の比重が高い。旅行（移動）に伴って、大都市圏からその他地域への観光消費を通じての資金の転移も大きいことが指摘される。観光には目的地への移動を伴うことが多いこと、観光対象資源が地方に散在するものが多いこと等によるものとみられる。

（注）観光産業の99％はいわゆる中小企業である。観光資源は全国各地（中山間地域にも）に幅広く分布しており、これに伴って観光産業は大都市圏だけでなく地方での立地が多い。

そして、観光による各地域の経済の発展がさらに新しい多くの観光需要、観光資源を生み出す好循環がここでも期待される。

③観光は「まちづくり」

観光は各地のまちづくり、ないしはまちの新しいつくりなおしの強い原動力となる。

国の観光政策審議会は平成12年、次のような意見書を提出公表した。

「地域が主体となって自然、文化、歴史、産業など地域のもつあらゆる（観光）資源を活かして、観光による交流を促進し、それによって活力あるまちづくりを進めるべき」としている。即ち、観光は多くの人々を観光地に誘致し、そこに人的交流をつくり出す効果をもつので、これを活かして新しいまちづくりの動機とすべきと提案しているのである。

昭和のまち（豊後高田）

(例) 昭和のまちづくり（大分県豊後高田市の例）

米の集散地の機能を失い、鉄道も廃線、人口半減（2万人台）となった市に、市民が危機感をもち「観光まちづくり」に取組んだ例である。商工会議所がまとめ役となって、閉店状態だった商店街を最盛期の「昭和30年代復元」をコンセプトに改装、各店も昭和の売れ筋の目玉商品を一店一品運動として復活、市内各店一斉に「昭和のまち」として復活開店した。また米蔵だった倉庫を改装、地元作家による「絵本美術館」や「まちの歴史資料館」「昭和ロマン館」とするなど、観光施設も市民の手で休眠施設を活用して開いた。これによって年間35万人の観光客誘致に成功した。

そのような努力の結果、まちの活性化で交流人口を増やすと共にそれに伴う経済効果が地域住民の手によって結びつけられた。その結果、市民の努力そのものが観光を通じてまちづくりの原動力になったのである。

勿論このまちの特性を発揮させるためには地域住民の総意とまちをあげての努力と共に、ストーリーづくりと適切な情報発信等が前提となった。

観光は多くの場合、観光インフラ（道路・駐車場）、まちなみ整備等の観光推進への努力が求められるが、その努力が即まちづくり（まちなおし）への営みにもつながる。またこのまちづくりへの営みが逆に新しい観光対象（資源）の造成（まちそのものがより魅力ある観光対象（資源）となることも含めて）を促進、それが観光をさらに発展させるという好循環がそこに生まれることが多い。またその好循環に発展させることが期待される。

④観光の特性を活かすために

前記のような観光の特性のうち、文化、経済にかかわるものについては、観光推進への努力から観光による文化経済面への効果が生ずるまでに時間的・場所的なズレのあるものが多い。観光特性を充分活かすためにはこのズレを次のような努力と工夫によって克服しなければならないと思う。観光がこれまで国・地方自治体等による公的施策を中心として進められてきたのもこのズレが大きいことによるとみられる。

まず特性のうち「文化」にかかわるものについてである。

人的交流によって異なる文化が観光客と観光地側にそれぞれ受け入れられ、それが住民、観光客の心に残って新しい文化やまちづくりに反映する。即ち食べもの、宿泊施設の改良等をもたらし、隔地間の文化の融合によって新しい地域文化が発展する、このような（新）文化への効果が具体的に表れるには一定の年月を要することが多い。このズレを克服するためには、交流人数（観光客数）の増加、リピーター等の増加による交流機会と交流頻度のすみやかな増加、促進が必要である。また着発地間の情報交換、人的交流の場の造成等の努力も求められる。

観光が契機となって海外都市との姉妹都市となり文化の交流に努めている例も多い。

また「経済」面の活性については、時間のズレと共に地域的ズレも生じやすい。

（注）「産業観光」で大工場に年間数十万人の観光（見学）客が訪れる所が出てきた。しかし、これまでのところ、工場見学は原則として無料公開がほとんどなので、工場やその周辺には直接経済効果をもたらさない。しかし、ある工場に年数十万人の観光客が訪れることによって、宿泊施設等が整備された近くのまちには大勢の宿泊客、食事客等が訪れ、そこでの観光消費が進む場合もある。即ち観光の経済効果は資源の所在地ではない別の場所に発生することがある。

このズレを克服するにはより広い視野にたって観光を推進することが考えられる。発生する効果をより広域でとらえること、即ちその効果を広域でプールする（効果を受けている地域と効果の及ばない地域で収益効果をプール、再配分する）ためのしくみづくり、ルールづくり等の努力が必要となる。

このような観光の三特性（文化、経済、まちづくり）を活かすためには、特性の発揮とその効果とが互いに影響しあって特性と効果の好循環（向上への）をもたらすことが各特性を活かす共通のみちである。このことによる好循環の成立が持続的観光（サスティナブルツーリズム）を実践するための前提ともなる。

以上の観光の特性と効果をまとめると、「文化特性」については、人的交流の促進のための着発地間での情報交換、情報共有による交流の場の設定、交流人数と交流頻度の増大が必要である。「経済特性」については、その受け皿の整備、特に観光産業の経営改革（リノベーション）による効率向上が求められる。また「まちづくり特性」については、地域の官民連携によるまちづくりへのしくみ、体制、組織づくりが必要である。

コラム

観光の好循環（観光循環図）

観光は人的交流を促進することによって交流人口を増加させ、地域社会を再活性化し、地域文化の創成発展につながる文化活動である。また観光によって移動・宿泊・買物等が盛んとなり、それが観光による地域経済活性化につながる。即ち観光は重要な経済行動そのものでもある。観光による地域社会と経済の活性化が、その地域の新しい地域づくり、まちづくりの動機となり、新しいまちづくりはさらに新しい観光客を誘致してい

観光とまちづくりの循環展開図

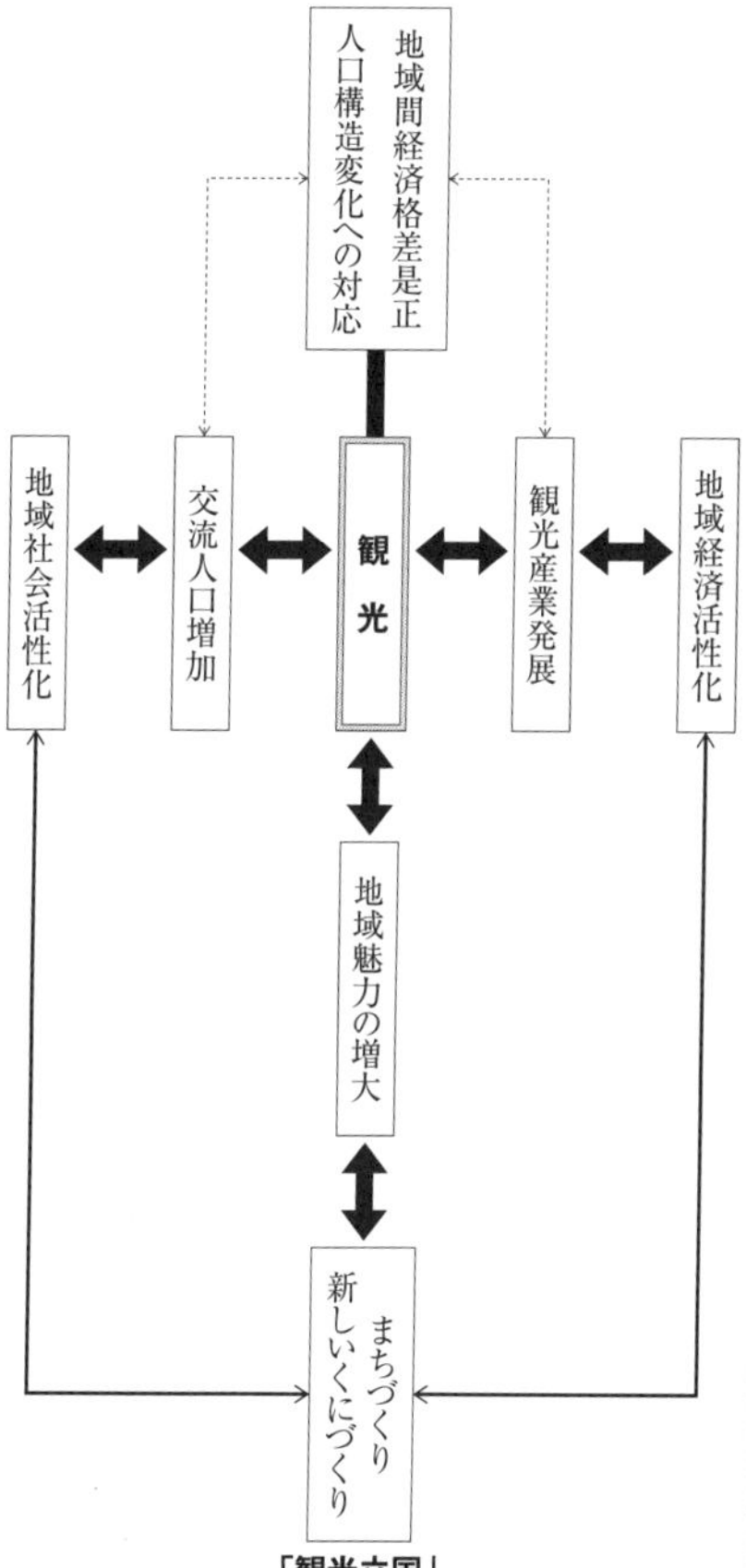

「観光立国」

く。即ち観光によるまちづくりを介して観光と地域社会・経済活性化が互いに影響しあい、そこに新しい観光にかかわる好循環が生まれることになる。

この関係を図式化すると図の通りとなる。

このような好循環をもたらすためには観光にかかわる地域官民の協働を前提として、情報発信、インフラ整備等の基盤整備への基礎的努力が必要なことはいうまでもない。

このような努力によって観光特性をフルに活用し得たとき、真の地域づくり、さらには真の「観光立国」を現実のものとすることができると考えられる。

日本の人口

このほど総務省から平成27年度実施の国勢調査の確定値が発表された。これによると平成27年10月現在の日本の総人口は1億2709万4745人となり、平成17年調査に比べて96万2607人（0・75％）減少したことがわかった。10年ごとの国勢調査レベルで初めて総人口が減少したことになり、日本の人口が明らかに減少局面に入ったことを示している。しかも減少は39道府県に及んでいる。増加したのは埼玉、千葉、東京、神奈川、愛知、滋賀、福岡、沖縄の8都県に過ぎず、最高増加率の沖縄2・9％、東京2・7％以外の6県は1％以下の微増にとどまっている。これまで大都市圏の府県は増加傾向であったが、大阪府が0・3％と初めて減少に変わるなど、人口減少は全国的傾向となりつつある。

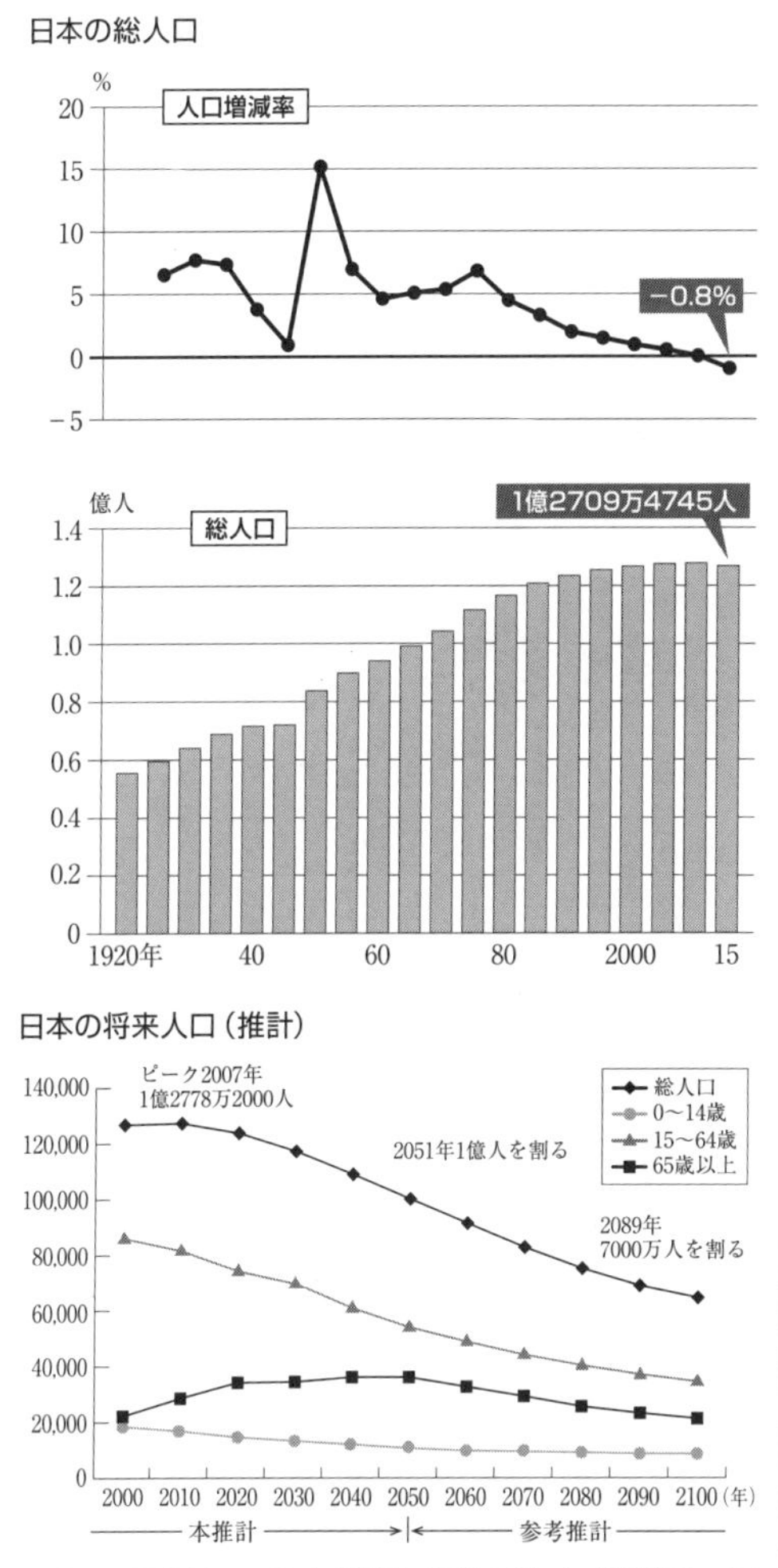

（注）「日本の将来推計人口　平成14年1月推計」（国立社会保障・人口問題研究所）による

人口問題調査研究機関の推計によると日本の総人口は今世紀なかばの2051年には1億人を割り込むと試算されている。その結果、多くの地方自治体（数百箇所に及ぶという）が解体に瀕するなど、深刻な事態も予想されている。地域社会の活力を維持するために、また地域の経済力を維持していくためには、このような人

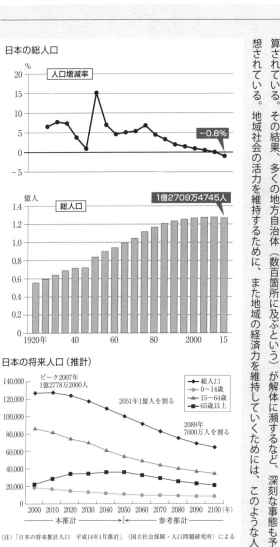

口減少は難しい多くの課題を提起しているといえよう。

この状態をカバーするためには、まず人口政策の推進によって打開することを考えなければならない。出生率の向上、子育て環境の整備等がそれである。しかし、それだけでは急な効果は期待できない。

従って、深刻な事態を打開する有力な、また端的な方策として観光の果たす役割が再認識されようとしている。定住人口の減をその地域に訪れる人を増やすこと、即ち、「交流人口」の増によってカバーすることである。

国土交通省の試算によれば、外国人観光客ならば約8人、日本人観光客ならば20〜30人の観光客誘致による交流人口の増加が定住人口1人分の増加に相当する社会経済的効果をもたらすという（外国人客に比べて日本人客の数が多くなるのは両者の泊数の違いによる。従って、日本人観光客の泊数が増えればこの差は縮まる）。

交流人口は、ビジネス旅行者の増加や冠婚葬祭等の、いわゆる私事旅行でも増やすことができる。しかし、ICT（情報処理技術）の進歩によってビジネス量の増加ほど交流人口は増加しないであろうとみられる（例えば、TV会議の開催、情報機器による訪問数減等）。私事旅行は、人口が減れば当然それに伴い減少する。従って、今後交流人口を大きく増加させるのは観光をおいて他になく、しかもそれは観光施策と人々の観光への意思如何によっては増加度合いを高めることも可能である。

将来の人口動向予測からみても、また既に人口減少局面に入り、その減少傾向の目立つ地域の社会経済の活力維持のために観光の果たす役割はきわめて大きいものがあるといえよう。観光の持つ文化的行動、経済行動としての意味と役割を認識したうえで、観光活動の活性化を全国的に、また地域的にムラなく進めることが急務である。まさに人口減少による日本の危機を救う、真の〝観光立国〟が今、期待されているといえよう。

第2章

観光の〝あゆみ〟

——観光の経緯——（観光は太古から）

人間は、その確認されている遺跡等からみても、いわゆる太古の時代から群をなして生活（穴居等）してきたといわれる。それは日常の糧を得るための農作業を営むにも、また漁撈のためにも何人かの共同作業が必要かつ効果的なことと考えた人間の生活の智恵からであろう。

太古の集落に暮らす人々はやがて離れた所にも自分たちと同じ人間が生息していることの気配を感じるようになる。火を使う時代になってからは山の向うに、また対岸の島にあがる煙をみてそれを感じ、森や浜辺で自分たちのものではない人の足跡を発見したりしたこと等による。そこで人間の本能としてそのような他の集落に行ってみたい、そこにいるであろう同じ人間と交流してみたいという気持ちが古代人の心のなかにめばえる。このようなごく自然な心の動きから、人間は日常生活の場を離れて他所《よそ》をみたいという意思をもつようになったとみられる。即ち「観光意思」の原始的な発生である。しかし移動は歩くか、動物を利用するか、泳ぐかによるほかなく行動範囲は限られる。しかし日常生活の場を離れて他所を訪れ、そこでの景観、風俗、生活様式等を観かつ学ぶ等、様々な人的な交流も果たしたはずである。即ち観光のめばえである。他所の人々のくらし方、特に自分たちと異なる日常生活の器具等、生活・生産用具にもふれ、それを学んで帰り自らの日常生活を改善、発展させていったことは想像にかたくない。学者の見解によればば、石器時代等、古代の器具等には近くの集落同士のかたち、模様等が互いに影響しあっていることが出土品等からみられるという。これは観光の文化的効果に他ならない。即ち日常生活の場から離れて他所（国）の「光」（特色、美しいすぐれたもの）等を心をこめて学びかつ観（見）てきたからである。この太古の時代の人間の行動は観光の源流ともいうべきものであり、観光は人の本能にもとづく太古からの年月の経過のなかに育まれてきた長い経緯をもつ行動といえよう。

観光の語源とされている中国の「易経」が今から二千年余前、日本の有史以前に既に著されていたことからみても、太古からの観光はこの頃までに定着し、人類ないし人類社会発展のあゆみのうえで既に大きい役割を果していたことを示している。また英語で観光（旅行）は「トラベル（ＴＲＡＶＥＬ）」ともいわれる。この言葉はトラブル（苦労、苦心）を意味するという。即ち古代の交通機関の発達しない頃の移動（交流）は苦労、危険を伴っていたことを示す。また「ツアー（ＴＯＵＲ）」ともいわれているが、この言葉には「学ぶ」という意味があり、このことも観光の性格をよく現していると考えられる。

このように観光は太古から人間の本能に根ざして始まった。そして次第に人智の進歩、交通手段の発展、生産手段の発展による生活の充実に影響を受けて変容していく。即ち人間生活をより豊かに実り多いものとする方向である。この行動は生産物の交換（交易）等経済活動のニーズを満たす行動になる。さらに様々な宗教の教典や宗教活動もこの観光の大きい動機となっていくのである。

時代と共に観光動機も様々に高度かつ複雑なものに進化していく。以下、人間の本能にもとづいて始まり、このような文化・経済行動として定着した観光のあゆみを世界と日本に分けて概観してみたい。それによって観光の意味と役割への理解を深めたい。

(1) 世界の観光の〝あゆみ〟

本格的な観光（組織的な人間の行動としての）の歴史はギリシャ、古代ローマ時代にさかのぼる。この両地域は古代から人口、経済の集積が進み、また交通手段として船の本格的利用が始まった当時、地中海という交通路をもっていたため、観光発展の中心となっていった。

ローマ、ギリシャ時代の初期の観光は交易、宗教、戦争という三つの動機による動きといわれている。前述の本能的行動としての太古の観光も生活の必要から文物の交換（交易）まで進んだが、ギリシャ、ローマ時代は既にまとまった国という人口、社会機能集積があり、地域の生産活動も発展していた。そこで交易についても広範囲で対象も大規模となり、一定の行動パターンによって幅広く組織的に行われるようになったといわれる。

この交易（経済）の必要からも人間の往来が観光の発展を促した。宗教も国、地域を統一する理念としての意味もあり、定住人口の増加した地域の精神的支柱として人々の間に浸透、西暦紀元前後から各地に普及しはじめた。宗教上の聖地への参詣、巡礼者の宗教行動は、人の移動を促し、これも観光の大きい動機になったと考えられる。交通手段の発達（道の整備、船の大型化等）も観光範囲を広げ、それがまた観光動機を刺戟していった。

①古代から中世まで

交易、宗教、戦争等を動機として人々の行（移）動範囲が次第に広がっていく。紀元前３００年代のアレキサンダーの遠征、ギリシャからマケドニア、ペルシア、シリア、エジプト等広範囲の大帝国が出現、東西交流・交易の大きい動機となった。観光の定着と組織的発展はこの頃からといわれる。11～13世紀にわたる数次に及ぶ十字軍の遠征もエルサレムをイスラムから奪回しようとするキリスト教徒の宗教的目的による戦乱といわれる。この結果、多数の欧州の人々が中近東方面に往来する動機となり、巡礼者の宗教行動を動機とする観光を発展させた。その後13世紀、イタリア人マルコポーロはイタリアから中央アジアを経て中国（元）まで往復、その際の旅行談を記録した『東方見聞録』はいわばアジアの観光情報を世界に発信したかたちとなり、欧亜にわたる広域観光発展の動機となったといわれる（見聞録には日本の記述もある）。15世紀から16世紀にかけてコロンブスの新大陸発見、バスコ・ダ・ガマやマゼランによるインド米州航路等新交通路開発による東西交流の盛行などは世界の観光発展に一時代を画したものといえよう。これらは大航海時代を現出することにつながり、観光も欧州中心から全地球的行動にまで発展していくことになる。

この時代、観光の先達となった人々は探険家ともいわれた。当時の探険はとりもなおさず未知の地域を訪れて非日常的体験をし、そこに住む人々との交流を通じて新しい文化の創成と経済発展（交易等）をめざした。探険家も観光意思がその行動の動機となったと考えられる。探険家というより観光家ともいうべき人たちといえよう。しかし、この時期までの探険（観光）は多額の経費を必要とし、また危険回避のため集団行動をとる必要があったので、参加できる人は為政者や富裕層等の限られた階層の人たちによるものが中心であった。

②近世から現代まで

限られた人々による欧州中心の観光から一般市民が自由に参加できる大衆的な行動に変化した

のは、18世紀頃からの産業革命を経てからであった。産業革命はいうまでもなく蒸気機関の発明等を動機とする手作業から機械作業への転換であったが、これによって生産は飛躍的に増大し、経済成長がもたらされ、交通機関も急速に発達した。同時に多くの国が封建制から脱皮し行動、移動の自由が得られたことも観光発展の背後にあった。しかし、この時代の観光は産業革命を動機とするだけにその発祥国のイギリス等の欧州諸国が依然として世界の観光の中心にあったといえよう。

北海道大学の石森秀三教授は、近代の観光は交通手段の発達によっていくつかの発展段階に分かれ、そのつど観光「革命」ともいうべき大きい発展の節目を迎えてきたという。

第一段階としては19世紀後半以降の時期が指摘される。１８６９年、世界の交通に画期的な役割を果たすスエズ運河が開通した。即ち欧州と近東、さらにはアジア全域との距離が大幅に短縮され観光の幅を広げた。またアメリカでは大陸横断鉄道の開通（１８６９年）がアメリカ大陸の観光に大きい刺戟を与えた。国際観光は一般市民にとっても欧米諸国では一段と身辺な行動となり、またアメリカでも勃興し、その様相と規模は大きく変ぼうし、かつ発展した。汽船の発達と関連して太平洋横断旅行も盛んになった。この時期には観光の祖といわれるクックの活躍がある。

観光商品の造成、鉄道時刻表の市販がイギリスで19世紀末（1872年）に始まり、観光の大衆化が世界的に進みはじめ国際旅行を中心に観光は経済行動として大きく発展する時代を迎える。

第二段階としては20世紀初が指摘される。この時期シベリア鉄道開通（1903年）、パナマ運河開削（1913年）等、交通革命ともいうべき新交通手段の登場があった。これによってスエズ、パナマ両運河、シベリア鉄道利用によって世界一周旅行も現実のものとなる。とくに20世紀初頭の第一次世界大戦が動機となってアメリカと欧州、さらに欧州諸国相互の観光交流が戦後盛んになった。また、この頃自動車がアメリカ中心に普及しはじめる。これによって居住地の近傍への週末利用などの手軽な観光が一般市民の間に急速に普及した（欧米中心）。またラジオの実用が始まり、観光にもっとも必要な情報の画期的な伝達手段となり、観光発展への強い動機となった。しかしこの時期も前期に続いて交通等の技術革新に負うところが大きいため観光の中心は依然欧米であった。

第三段階は20世紀半ば以降である。

交通手段はこの時期さらなる新技術の導入で量質共に改良、発達が進んだ。ジャンボジェット機の就航（1969年）は航空の大量交通機関への脱皮を可能とし、それによるコストダウンもあって航空機の大衆交通機関化が実現し、船に代わって国際観光客の足の大部分を担うようになった。また日本の東海道新幹線開業（１９６４年）に刺戟されて国際的に鉄道の高速化・近代化が急速に進み、主な鉄道は最速２００㎞／ｈが標準になるに至った。そして航空機と共に（国際）観光にも大きい役割を果たすようになった。

世界的な経済成長、国際貿易の発展により、この時期欧米を中心にレジャーブーム、観光ブームが起こったといわれる。近世の「大交流時代」「大航海時代」（航空等による）の到来ともいわれる時期を迎えたのである。

アジア各国等では、とくに発展途上国の経済発展が急速に進み、情報革命とまでいわれる高度情報化社会の実現によって、21世紀に入ると観光は全世界的に普及、一段の活況を呈した。クルーズ船、観光鉄道など、交通手段の利用そのものが旅行目的（資源）になる現象も目立つようになり、観光客のニーズも見物観光から体験学習型観光への志向が高まるなど、国際観光は全世界的規模で構造変化を伴いつつ新しい段階を迎えている。

(2) 日本の観光の”あゆみ“

日本でも太古の昔から人間の本能にもとづく交流（観光）は行われていたと考えられる。しかし明確な観光意思をもって本格的な観光が始まったのは7～8世紀頃からとみられる。

①古代から中世まで

文献のなかに観光の記述がみられるのは『万葉集』『日本書紀』『古事紀』『風土記』等からであるが、これらは7～8世紀頃のことである。万葉集の「あおによし奈良の都は咲く花の……」（小野老《おののおゆ》）の有名な歌も都見物に訪れた観光客の心を詠んだものといわれている。各地の山野の景観をめでたり、温泉等を訪れて観光していた記述が右記の文献中には散見される。

しかし当時の観光は高貴な人、富裕な人中心のものであった。このような限られた人の観光が一般市民も広く参加する大衆的な行動にひろがっていくのは室町時代以降とみられる。この時期から伊勢神宮への一般人の参詣が許されるようになった。また庶民の間で熊野詣も始まった。仏教の各地への普及に伴い寺院が各地に建立される。このような寺社への参詣旅行が庶民の観光への大きい動機となった。また各地で山が信仰対象となる山岳宗教も普及。この頃から登山の慣習も広がる。この当時の神仏詣等の観光は団体旅行が中心であったといわれる。

このように日本の観光も宗教行動がその動機として大きい役割を果たした（温泉観光は禊《みそぎ》としてもひろがったといわれる）。このため参詣客の団体等をまとめる「講」が10～11世紀頃から各地につくられていった。このような宗教行動による観光は目的の寺社等の参詣後、また往復の途次、沿道各地の景観を楽しむ、温泉に入る等の付帯行動が次第に関心を呼ぶようになる。伊勢神宮、熊野本宮に近い志摩南紀、長野善光寺近くの温泉等に参詣後多くの観光客が訪れ、早くから観光地として発展したのもこのような行動によるものであった。

②近世

江戸時代から日本の観光は神仏詣を中心に一段とその幅と厚みを増す。一般庶民の間にひろく普及し、全国的にもひろがっていく動機となったのは、江戸幕府による参勤交代制の採用と、それによる道路、宿駅等の整備が大きい。参勤交代の列に加わる多くの家臣（武士）等に旅行の慣行が定着・発展する。また五街道はじめ主要道の整備、宿駅制の成立が進む。特にこれらの施設、道路、宿駅等に一般庶民の利用が認められたこと等が大きい（宿駅には武士を対象とした「本陣」「脇本陣」と庶民を対象としたはたごが設置され、また庶民に対する移動への規制が緩和された）。江戸時代後期の『東海道名所図絵』、葛飾北斎による『東海道五十三次』、十返舎一九の『東海道中膝栗毛』等の出版は、今日でいう観光のガイドブックと同じ観光情報提供の役割も果たした。また中国に範をとった「日本三景」の制定等、様々の観光行事も行われ、全国的な観光客の誘致につながった。勿論中世から始まった伊勢参宮等神仏詣も一段と盛になった（当時の日本人口の30分の1、年間１００万人が伊勢参宮したという記録が残る）。このような観光客のた

歌川広重　東海道五拾三次之内 小田原 酒匂川

めに「講」を発展させた旅行あっせん業もはじまる（伊勢参宮、善光寺詣の参詣客の旅行あっせんが日本の本格的旅行業の始まりとされる）。

江戸時代はこのように日本の大衆観光定着の時代となった。当時幕府の政策で架橋を極端に制限したため、徒歩旅行（今様にいうなら街道観光）が観光の中心になった。河を渡る際には、馬車等の利用ができなかったためである。このため安い経費で誰でも簡単に参加できる観光が普及することになった。車等によらず徒歩による旅行が中心となった日本独特の観光形態の原点はこの時期に形成されたのである。

③現代

明治維新により鎖国制が廃され開国が実現した。この時期から日本の観光は来日外国人観光を含む国際的なひろがりをみせる。明治5年（1872年）の鉄道の開通（明治末期までに国内鉄道網が概成）、道路・港湾の整備、近代化等のほか新しい交通機関も普及しはじめた。また西欧に遅れたが産業革命も急進し、経済成長も進み近代国家への発展がみられた。このため観光が量的・質的にかたちを変えつつ大きく発展する（江戸時代から使われはじめた「観光」という言葉も正しい意味で普及）。外国人の観光客も明治の開国を機に増加しはじめた。明治時代は次のような点から日本の近代的観光革命の時代でもあった。即ち①在来の観光の中心、神仏詣（宗教）観光が大型団体観光旅行に発展、旅行業の勃興を促し、観光が経済行動としても定着する、②教育と観光を結ぶ修学旅行が国主導で全国的に始まる、③開国に伴い外国人（とくにお雇い外国人のような指導的地位にある人々）等が多数来日し、海外の観光手法を日本に紹介、これを受けて、④国をあげて国際観光にも取組みはじめた明治時代こそ日本近代観光元年といえよう。

（注）③によって軽井沢、雲仙、上高地等の観光地開発が進み、登山、ハイキング等新しい欧米型の観光が普及した。④については国は国際観光宣伝の一翼を担うと共に外国人誘致組織「貴賓会」を創立し、本格的な取組みを始めた。そして国際観光ホテルの開設、外国人の観光あっせんにも乗出した。明治45年の国設旅行あっせん機関ジャパン・ツーリスト・ビューロー（ＪＴＢの前身）設立等がそれである。

日本のすぐれた景観、豊富な文化遺産等が内外にあらためて高く評価され、日本は国際的な観光ネットワークにも組込まれるようになった。

大正期の第一次世界大戦後、国際的な交流が一段と進み、国内でも別荘開発ブームの発生、「日本八景」選定などの観光イベントの盛行、「観光」という言葉も普及、観光ホテル、観光バス、観光みやげ、観光旅行、観光地、観光客等、観光を冠した言葉や施設が続々とあらわれる。

また民間企業によって観光開発が九州（えびの日南など）、箱根、伊豆等で進むなど、官民あげての観光への取組みが進んだ。昭和15年東京オリンピック、万国博覧会同時開催決定などで国際観光への動きはひとつの頂点に達する。

このようにして日本の「近代観光革命」は昭和初期までに一応の完成をみたと考えられる。戦中期に入ると日本の観光にきびしい試練が訪れる。それは国の戦時体制への移行である。日本の大陸進出に伴う満州事変等を契機とし日中事変、さらに太平洋戦争と日本は長い戦時体制に突入する。

決定していた日本でのオリンピック、万国博も中止となり、観光は「不急不要の施策」として国策から排除され、民間でも自粛を強要されるようになった。国際関係悪化で外国人観光客も激減した。「観光」という言葉も禁句同然となる暗い時代を迎えた。しかし、この時代も観光の名

図2-1　日本人海外旅行者数及び訪日外国人旅行者数の推移

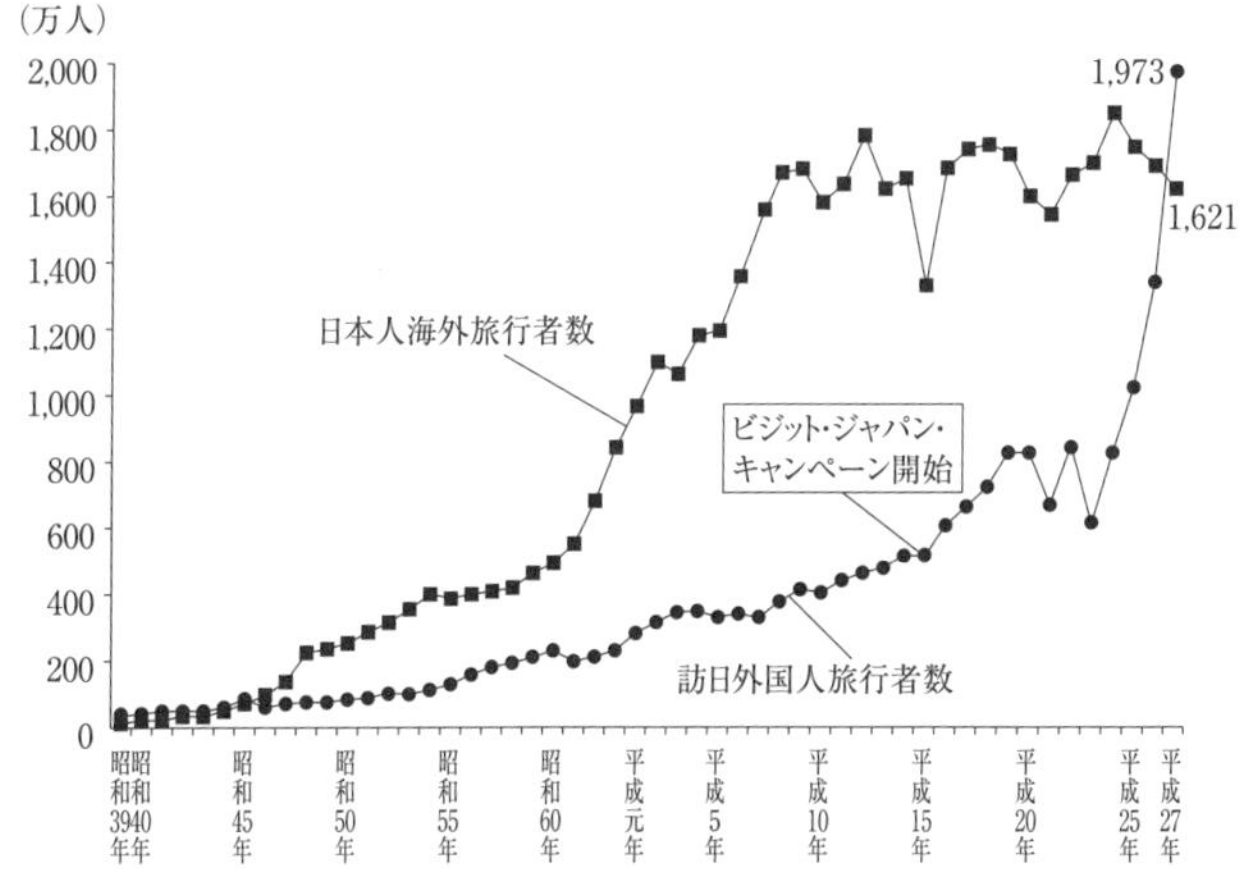

（注）日本観光振興協会の資料による

は使えなかったが、事実上の観光が戦勢悪化直前まで続いていたことを特筆したい。神仏詣という観光の原体験にもとづく旅行は「敬神崇祖の旅」という名に変えて各地で続いた。スキー、スケート、ハイキング等も「体位向上の旅」と名付けて続けられ、主な観光地（？）は太平洋戦争開戦後暫くは依然賑わっていた。

（注）筆者も昭和17年「集団訓練」という名に変わった修行旅行に参加した。伊勢参宮のあと、観光旅館に1泊、翌日志摩の観光地を見物した。観光旅館、観光商店街等はまだ結構賑わっていたことを思い出す。

このことは観光が文化活動、経済活動でもあることから一律な自粛になじまないことを当時の政府、自治体も理解して、名はともかく実質的な観光の灯を守る努力をしていたからではないかと考えられる。戦勢が急速に悪化すると、昭和19年頃からは交通機関の利用が制限されるようになり、食糧不足、燃料不足が深刻化し、さらには観光地自体の被災があり、観光は他の多くの社会的活動と共に事実上実行不可能になり、観光の完全な空白時期を迎える。

戦後、観光はいち早く復旧が始まる。とくに国際観光復活を進めたのは皮肉にも占領軍の占領政策であった。当時、占領軍は破綻に瀕した日本経済を建直すため様々な経済政策を強行した（財閥解体、増税、外貨獲得策、食糧支援等）。そのなかに外貨獲得策としての民間貿易再開と外国人観光客誘致があった。後者のため占領軍は当時の国鉄に来日外国人観光客用の特別寝台車を20両新造すること、英文観光案内書、時刻表の作成、駅頭掲示での英語併記等を指示してきた。

（注）一般客車がまだ板張り窓で、急行列車も全国で1日数本、乗車制限も残っていた昭和23年のことである。新寝台車は函館・東北・東海道・山陽・鹿児島各線の急行列車に連結されたが、寝台券の発売順位が定められた。外国人観光客、貿易関係者等に優先発売、日本人にはそのあと余裕ある場合にのみ発売とされ、外国人観光客の優遇が目立つ。

占領軍も接収中のホテルの一部を外国人観光客に開放する等外国人観光客誘致を支援した。本

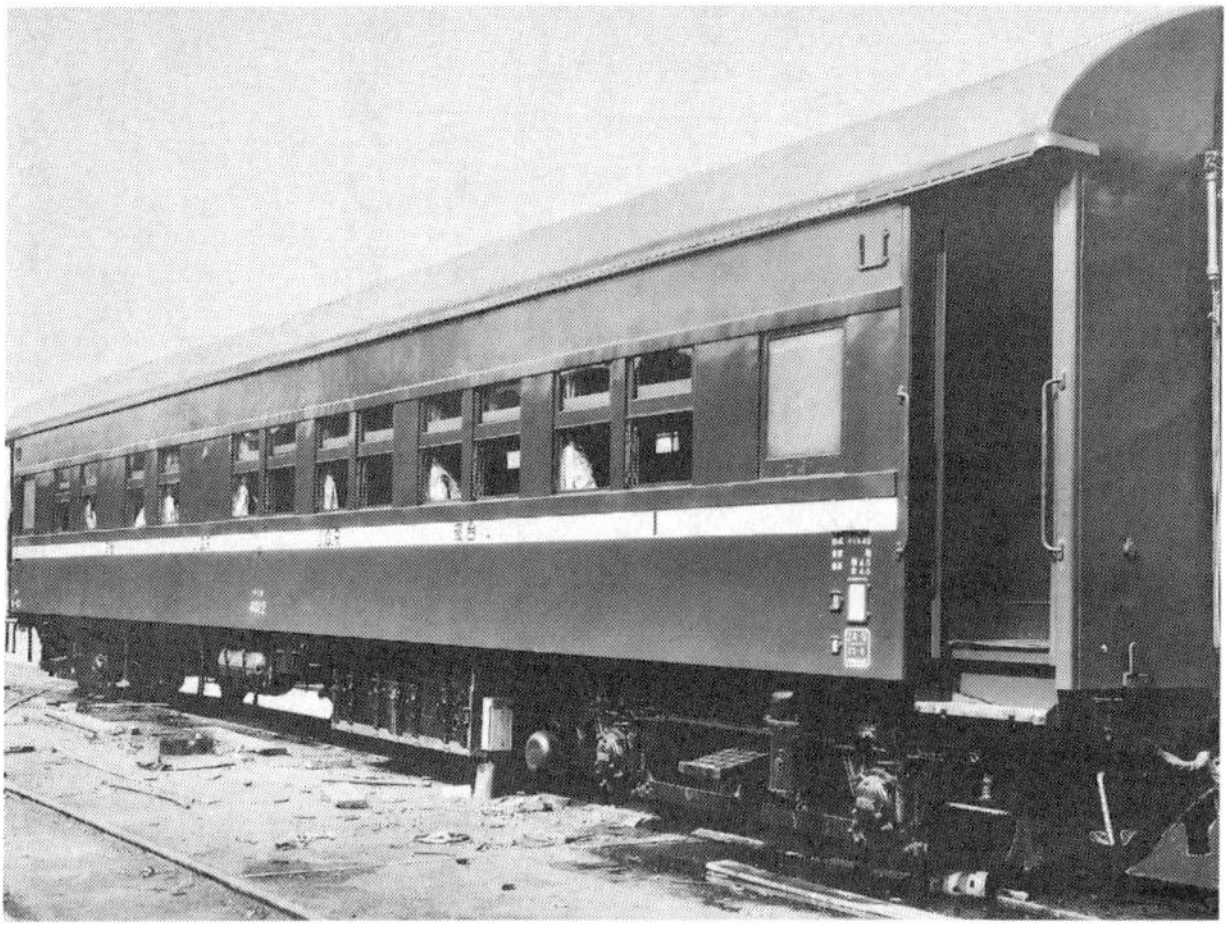

マイネ40特別寝台車

格的な戦後の観光は占領軍の指令で国際観光から始まったといえよう。これがきっかけとなり、交通事情、食糧事情の好転、インフレの終息と共に昭和20年代後半から国内観光も徐々に復活しはじめた。昭和30年になると国鉄が観光周遊券を復活、観光団体列車、観光地への季節列車の運転開始、観光運賃割引も復活した。民鉄も昭和20年代後半から観光地への観光特急運行、観光地宿泊と乗車券をセットした旅行商品の発売、沿線観光開発に乗り出した。一方、各観光地も戦災復旧から一歩進んで観光資源の発掘整備を進め、宿泊施設の復興・改善・充実も進んだ。

　昭和30年代に入ると、高速道路をはじめ主要道路の整備が急進、東海道新幹線の開通に象徴される鉄道の増強、近代的な空港整備と航空機大型化による航空の大衆化などが進み、昭和39年にはかつて中止になった東京オリンピックを開催するに至り、来日外国人観光客も急増した。ここに観光の戦後は終り、日本の観光は新しい段階に入ることになったのである。

④観光への期待（「観光立国」運動の動機）

平成に入るとＩＣＴ（情報技術、情報機器）が急発達する。そして情報端末（パソコン・スマホ・携帯電話等）をほとんどの人が所有する情報化社会に入る。観光は情報からといわれるほど情報がその展開のために重要な役割を果たす。このため観光の展開に関連する施策の多くは予約販売等を中心に新しい手法によって行われるようになる。隠れた新しい観光資源も各地で開発が進み、さらに観光の行動範囲も拡大する。受け皿ともいうべき観光産業も経営（立地）の見直しにせまられることになる。

反面、海外、とくに発展途上国の参入も目立ち、観光市場ははげしい国際競争市場となった。観光はその規模、行動、内容、観光ニーズ等が変化すると共に、全地球的規模の行動にまで発展し、まさに新しい世界観光革命を迎えた。

このような事態のもと、今後の観光推進への国の内外からの期待も急速に高まってきた。

まず観光の国際競争力強化によって外国人観光客を誘致し、観光に伴う内外客の人数面でのアンバランスを是正し、相互交流の実をあげ（外国人観光客を増やす）、観光国際収支の改善と日本への海外の理解を深めたいとの国際観光への期待がそれである。

第二に、観光推進によって交流人口を増やし、定住人口減をカバーして地域社会の活性化をはかるためにも観光推進への期待が高まる。

第三に、観光産業の改革によって経済面からも受入体制の強化をはかり、観光のとくに地域における経済効果を高め、それによる地域経済の活性化をはかることへの期待である。

従って観光の文化、経済活動としての意味と役割を認識し、その成果を新しいくにづくり、まちづくりに活かすことが目下の課題である。

観光の推進への熱い国民の期待を念頭に、国でも「観光立国」をめざして、数値目標、政策目標を掲げた国の「観光ビジョン」を発表して、国をあげて観光推進に取組む決意をあらたにした。

しかし、観光の推進については多くの課題もかかえており、「観光立国」への道は決して平坦なものではない。国民全体が「観光」を正しく理解し、官民各層の総力をあげて協働する「国民観光」運動を展開することこそ急務と考えられる。

第3章

観光の〝すがた〟〝かたち〟

―観光の要素と構造―

「観光」は「観光」の意思をもって「地域の『光』を心をこめて観、かつ学ぶために、観光対象にふれ、その体験、実感、印象を心に残すことにより、観光から一定の成果、効果を得る人間の文化的かつ経済的な行動であること」を第1章で明らかにした。この「観光」はどのような要素から成り立ち、それがどのように関連しあっていくものなのか。即ち観光の「要素」とのその相互関係、即ちその「構造」を分析してみたい。そして観光全体のすがた、かたち、その実態を明らかにしたいと思う。

(1) 観光を構成するもの

観光は図3－1に示す4要素から構成される行動であると考えられる。

①観光客(観光者)

観光をする者、即ち観光の主体をいう。観光学ではこれを観光者というが、この「観光者」を経済的、社会的視点から見直すとき「観光客」といわれる。世上「観光客」という表現が定着しているので、本稿では「観光者」を「観光客」と記述していく。

②観光動機（観光の意思）

観光しようとするに至る人々の心のなかには生ずるきっかけ（動機）のことをいう。即ち観光に出かけよう、観光してみたいという心の動き、意思の発生である。人が観光に入る出発点はここにあると考えられる。しかし、ここまでは人（個人）の心のなかの動きであるから外から見えることはなく、定量的に把握することは難しい。観光であるかどうかという明確な判定、位置づけが難しいことはこのことによる。観光にかかる統計数値が不備なのは、前述のように観光意思が人間の心に内在するものであるからである。従って観光意思をもって人々が具体的な観光に入った外見から観光動機（意思）の存在を推定するほかないのである。

③観光（支援）基盤

観光を支え（支援）、その効果を高める働きをするものをいう。観光で利用される交通機関、ホテル、旅館、レストラン、物販店等がこれにあたる。いわゆる観光インフラ等である。

この観光基盤にあたるものの存在ないし働きが逆に観光客の観光意思を刺激する場合も多い。

④観光資源（観光対象）

観光客の観光の対象（目的）となるものをいう。有形・無形のもの、自然に存在するもの、人間がつくり出すもの、それらの複合体等、その形態は多岐にわたる。この対象に接し、そこから観光客が何等かの観光効果（精神的充足－満足感）等を得たとき、その観光客にとって初めてこの対象が「観光資源」になるという関係にある。

（2）観光要素とその相互関係　－観光の構造－

前記の観光四要素はどのようにかかわりあって具体的な観光を構成しているのであろうか。図3－1によって説明していく。

・観光動機が観光しようとする人の心のなかに観光意思を起こさせることから観光は始まる。そして観光意思が人々を観光行動にうつらせるⒷはたらきをする。

・続いて観光意思（観光したいという意思）をもった人が観光対象（資源）に働きかける（赴く）行動に入るⒶ。この行動が観光の中心となる。即ち観光客が観光対象を観たり味わったりそこから学んだりすることになるからである。

・Ⓐ行動の結果、観光客が観光対象から何等かの効果を得た場合Ⓓ、即ち観光対象から何事かを学んだり、観光対象から観光客の心に満足感（観てよかった、観光に行ってよかった等）充足感が得られたとき、観光が完結することになる。そしてその観光対象はその観光客にとって観光資源となると考える。

図3-1　観光の構造図　－観光要素とその関連－

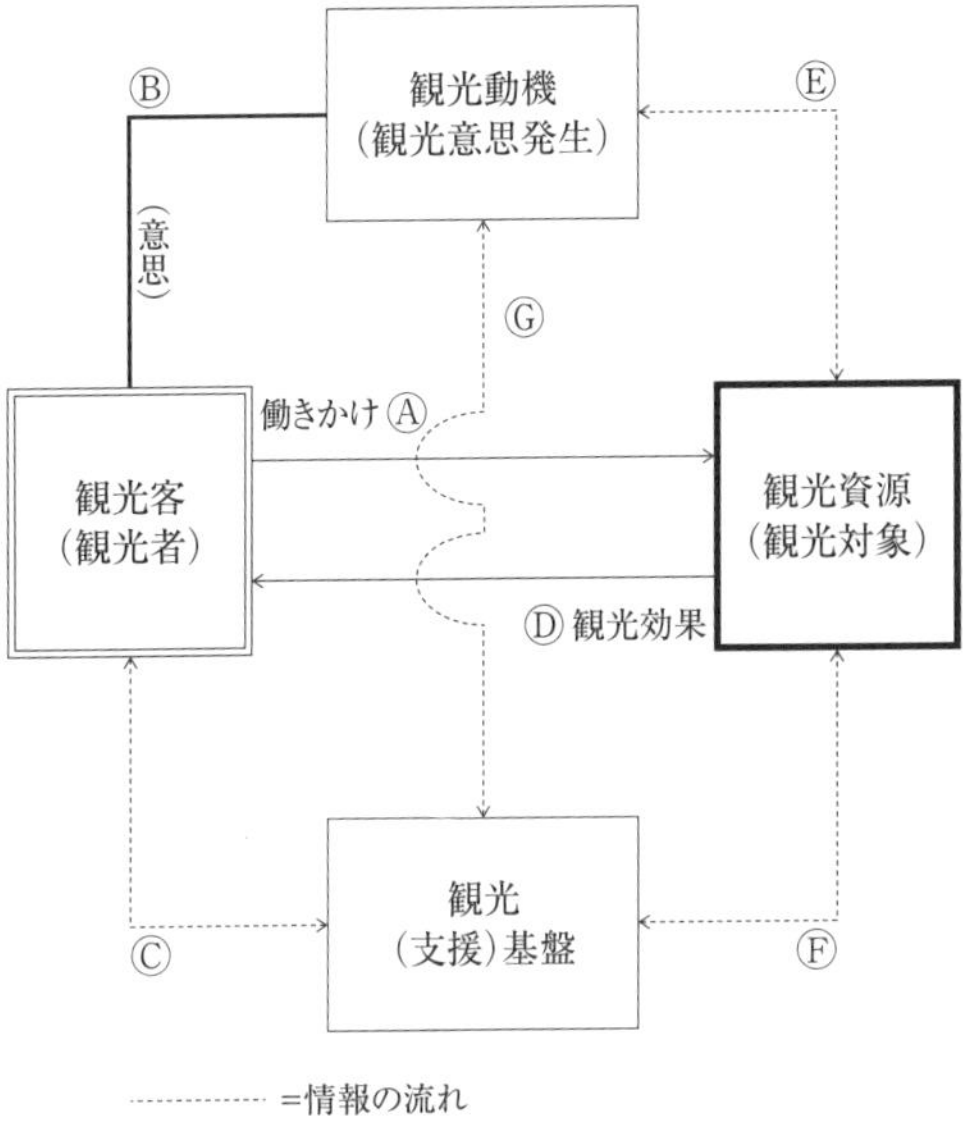

・このような一連の行動を支えてその効果を高める働きⒻⒸをするものが観光（支援）基盤（宿泊等）施設やⒶの働きを支える交通機関等である。

このように各観光要素がかかわりあって効果的な観光が実現する。そしてこのようなかかわりのためには「情報」の果たす役割が大きい。図の点線で示した情報の流れはそれを示している。即ち支援基盤からの情報は観光客の目的地選定の決め手となるⒸ。また同じく支援基盤からの情報は観光資源側の受入体制整備のための資料となるⒻ。また観光資源からの情報が観光意思の形成にも大きい影響を与えるⒺことはいうまでもない。観光資源（対象）相互間も情報の流れによって密接に結びつき、その相互作用が観光効果を高めるのに大きく寄与しているのである。

このような観光を構成する各要素は情報によって観光を促進するが、前記のⒶ～Ⓕまでの動きは双方矢印がついているのでわかるように逆の流れもある。そして全体の大きい循環の輪がそこに形成されていくと考えられる。この循環が成り立つことにより観光要素間の動きが刺戟され、さらに活発となり、観光は次第に発展拡大していくことになる。このような効果をもたらすように各要素間の相互作用がより働きやすくすることが観光政策、観光施策の重要な役割になるのではなかろうか。また観光振興の原点となる観光意思の形成には適確な情報の提供と共に、人々の観光への正しい理解とその啓蒙活動の成否が大きいカギを握っていると考えられる。このカギも情報化に依存するところが大きい。

(注) 同じ観光対象でも人によって観光効果を得たり得られなかったりする。従って、観光資源は人によって異なる。しかし一般的に用いられる表現に従って大多数の人にとって観光効果をもたらすであろう観光対象を「観光資源」という表現で本稿では記述していくこととする。観光客の観光意思の有無、対象から効果を得たかどうかの判断はその人の心のなかの動きで客観的に把握しに

くいものだからである。ここでも観光の役割、範囲の把握に多くの推定が入らざるを得ないことがわかる。

（3）各観光要素のあらまし

①観光客（観光者）

観光する人を「観光客」と考える。様々な観光情報等によって観光動機が形成され、それが人々の心のなかの動きで観光意思となって具体的行動に移ることになる。観光地等に立地の観光産業がこの観光客の観光需要を受け止め、これをその企業活動を通じて吸収することによって観光需要を地域の経済活動に結びつけることとなる。

観光客の実態を正確に数で把握することは難しい。観光客であるかどうかはその人々が示す具体的な観光の状況、場所から判断するほかないからである。その行動は観光意思という心の動きによるものだけに定量的把握がしにくいことによる。現に国内観光客総数は、国もその正確な把握に努めてい

表3-1　観光割合（業種別）推計

	観光割合
全業種	17.5%
宿泊サービス	63.8%
飲食サービス	12.2%
旅客輸送サービス	34.0%
輸送設備レンタルサービス	11.9%
旅行業、その他の予約サービス	81.1%
文化サービス	15.9%
スポーツ・娯楽サービス	29.5%
小売	5.5%

（注）観光庁資料による
「観光産業分類」が統計上ないので上記産業分類ごとに観光客がかかわる売上げを推定し、その割合等によって「観光産業」件数等を確定するほかない

表3-2　観光産業事業所の概要

事業所	事業所（万ヵ所）	従業者数（万人）	売上高（兆円）
全事業所	※1)　577	※1)　5584	※2)　898
観光産業事業所（全国）	※1)　141	※1)　1141	—
観光産業事業所（観光地域）	104.3	845.5	90.6
全事業所に占める割合	18.1％	15.1％	10.1％

※1）平成21年経済センサス－基礎調査結果
※2）平成23年度国民経済計算の産出額（生産者価格）及び運輸・商業マージンの合計（総資本形成に係る消費税控除前）。

るにもかかわらず今もって正確な人数は不明（用務旅行客、私事旅行客のような観光に関係のない行動と観光行動を明確に分離することが困難）なのである。国が発表する公表（推計）値によってみると、近年外国人の観光客は急増しているが、国内観光者の約9割を占める日本人観光客はここ10年間ほとんど伸びず、横ばい状態が続いている。「観光立国」の実をあげるためには日本人観光客数を増加させることが先ず必要である。しかしその正確な数が把握できていないので施策の効果等を分析することができない。観光は量的な面のほか、その観光効果を高めるためには、観光客にとって付加価値の高い観光を普及させる必要があり、そのため官民が実行する様々の観光施策、効果の数値的検証が今後の施策のために必要である。いずれにしても観光客の動向や実数をすみやかに量的質的に正確に把握することが当面の課題である。

②観光（支援）基盤－観光インフラの現状

観光を支えかつその効果をより高めるためのもので、主に様々な観光施設等と、それを運営する各種観光産業がこの中心である。観光産業は多業種、多事業所にわたって全国的に展開されている。国の統計によれば、観光産業総事業所数は約１４１万ヵ所に及ぶ。これは国内総事業所数約５７７万ヵ所の約18％にあたる。交通、宿泊、供食、物販、仲介業等多様な業種に及ぶが、ここでは代表的観光産業といわれる運輸業、宿泊業、旅行業等の現状をみることとする。

（注）「観光産業」という産業分類も国の統計上は存在しない。従って表３－１のように産業分類ごとに観光関係のかかわりを推定し、それによって数値を把握するほかないのである。

（a）運輸事業（交通手段・交通システム）

観光は観光客が各地の「光」を求めて移動し、そこで観光資源等にふれて非日常的体験をすることであるから、居住地から観光地へ、また観光地相互間、観光地から居住地への移動が伴い、ここに交通（運輸）事業への需要が発生する。国は「観光立国推進基本法」で「魅力ある観光地及びその観光地間を連絡する経路における空港、港湾、道路、鉄道、旅客船、その他観光の基盤となる交通施設の整備等に必要な対策を講ずるものとする」と定めているのも、観光にとって運輸事業が如何に大きい役割を果たすかを示している。主な交通手段別に概観する。

〔鉄道〕輸送人員でみて年間約２３７億人の実績がある。そのうち、ＪＲ約30％、民鉄約47％で、計77％を（公共交通機関が）分担している。しかし、乗客中観光目的の利用についての内訳数値は明らかでない。推計によれば東海道新幹線を例にとれば約30％近くが観光客（抽出調査による）とみられる。大都市圏の鉄道は依然通勤通学等の日常交通のウェイトが高いが、観光輸送を中心としてきた地方鉄道のなかには定期券以外の乗客のほとんどが観光客というところも少なくない。これもおおまかな推定値であるが、民鉄の場合もおおむね全鉄道輸送量の１／３程度は観光客とみられるほどそのウェイトは大きいものがある。

観光客の利用はその性格上季節、時間、曜日波動が大きいため、需要を年間を通じて完全に満たすことは難しい。また駅から観光地までの二次輸送（自動車、バス等による）との連絡が不十分なところが多いため、鉄道の機能が充分発揮できない観光地も見受けられる。鉄道と二次輸送との連携（駐車場、ターミナルの拡充）、需要波動の平準化への努力が各社共通の課題となっている。

なお鉄道と観光に近年新しい関係がみられるようになった。従来、鉄道は観光地へのアクセスがその主な役割であった。しかし近年鉄道の利用（乗車）そのものが観光資源（対象）となる動きが各地で目立ってきた。いわゆる「観光列車」がそれである（ＳＬ列車、トロッコ列車、グルメ列車、展望車、サロンカーの連結など）。なかには１日の総乗客数の過半数を観光列車の乗客

図3-2　旅客の輸送分野別分担率（平成21年度）

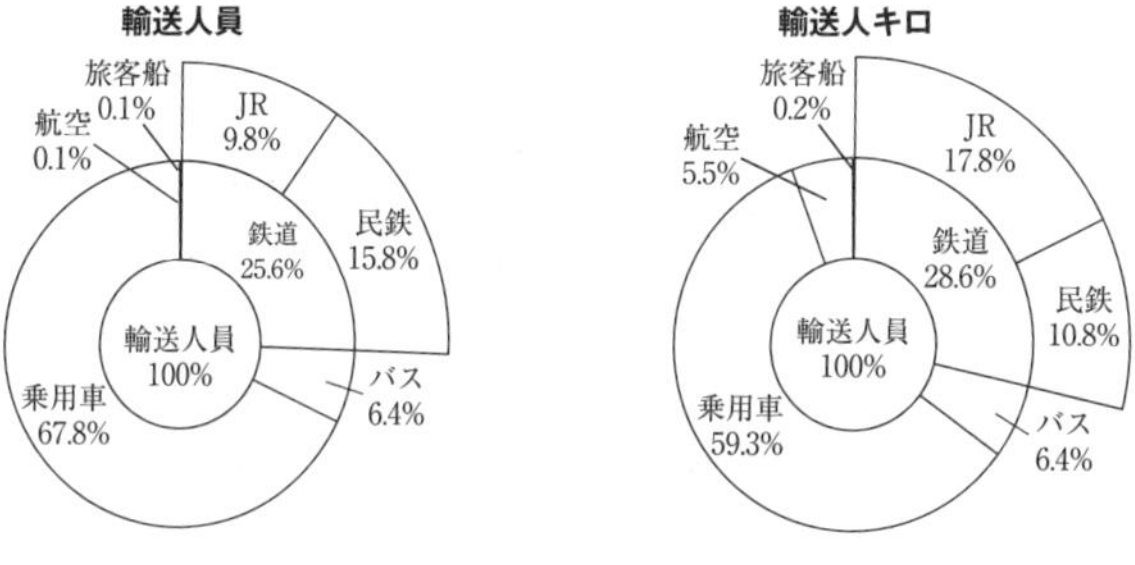

（注）1：交通関連統計資料集、鉄道統計年報による
　　2：乗用車には軽自動車及び自家用貨物車を含む

図3-3　旅客の公共輸送機関別分担率(平成21年度)

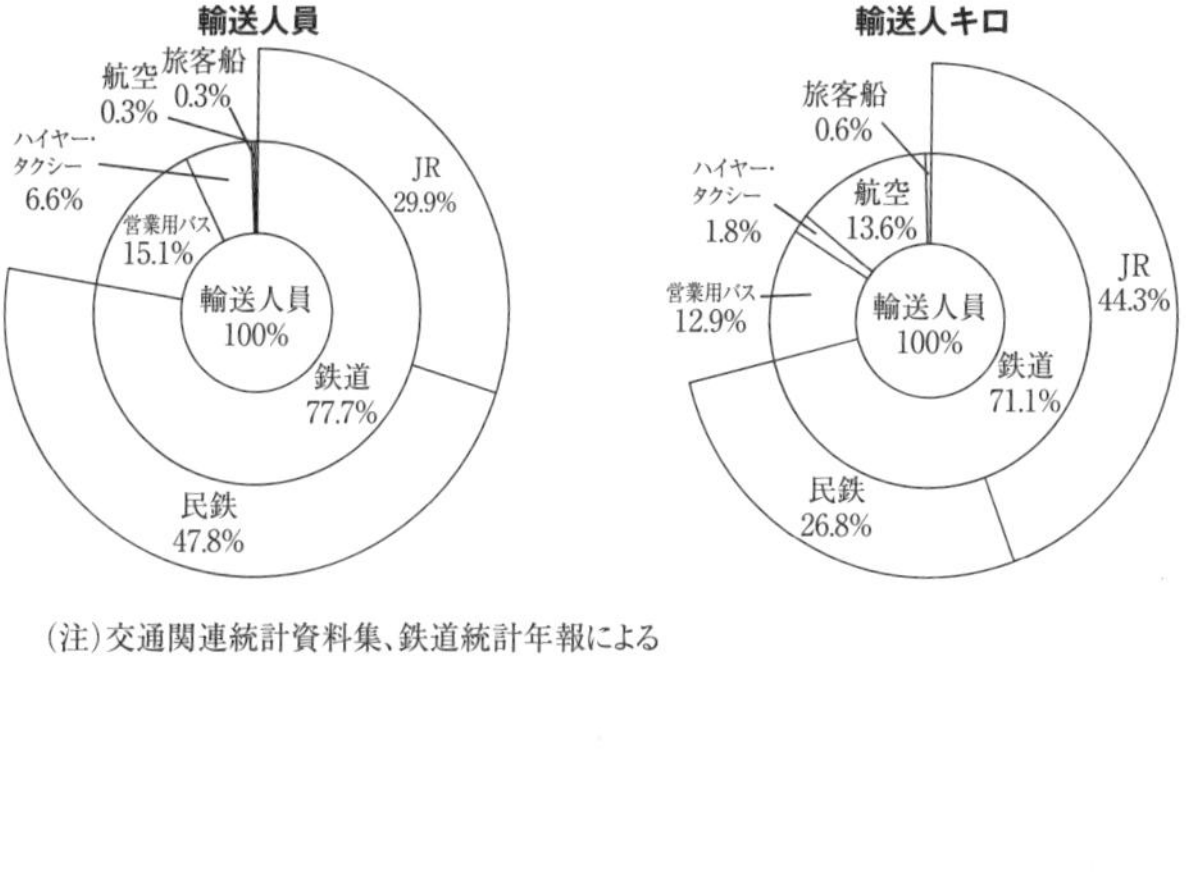

（注）交通関連統計資料集、鉄道統計年報による

観光列車（しまんトロッコ、JR四国予土線）

で占めるような路線も出てきている。新幹線の開業と共に新幹線乗客を目当てに北海道、東北、九州、北陸などでは観光列車網が急速に充実して新しい鉄道観光資源群を各地に形成しつつあることに注目したい。鉄道は、このような集客努力と経営の効率化（とくに在来鉄道の装置産業化）をはかると共に、航空、自動車（バス）等との役割分担を見直し、競争関係から脱皮して、それぞれの特長を活かして相互補完関係（ダイヤ調整、運賃調整、ターミナル整備）を構築し、観光地ごとに各種交通手段が連携して最適の観光交通システム実現に努め、観光客の選択によって各交通手段のもつ効果を面状にひろげる必要がある。

　なお観光地の環境問題も深刻化しつつあるので、交通システム構築のうえ、観光地へのアクセスまた観光圏内の移動に省エネ効果の高い、環境負荷の少ない鉄

図3-4　航空旅客数の推移

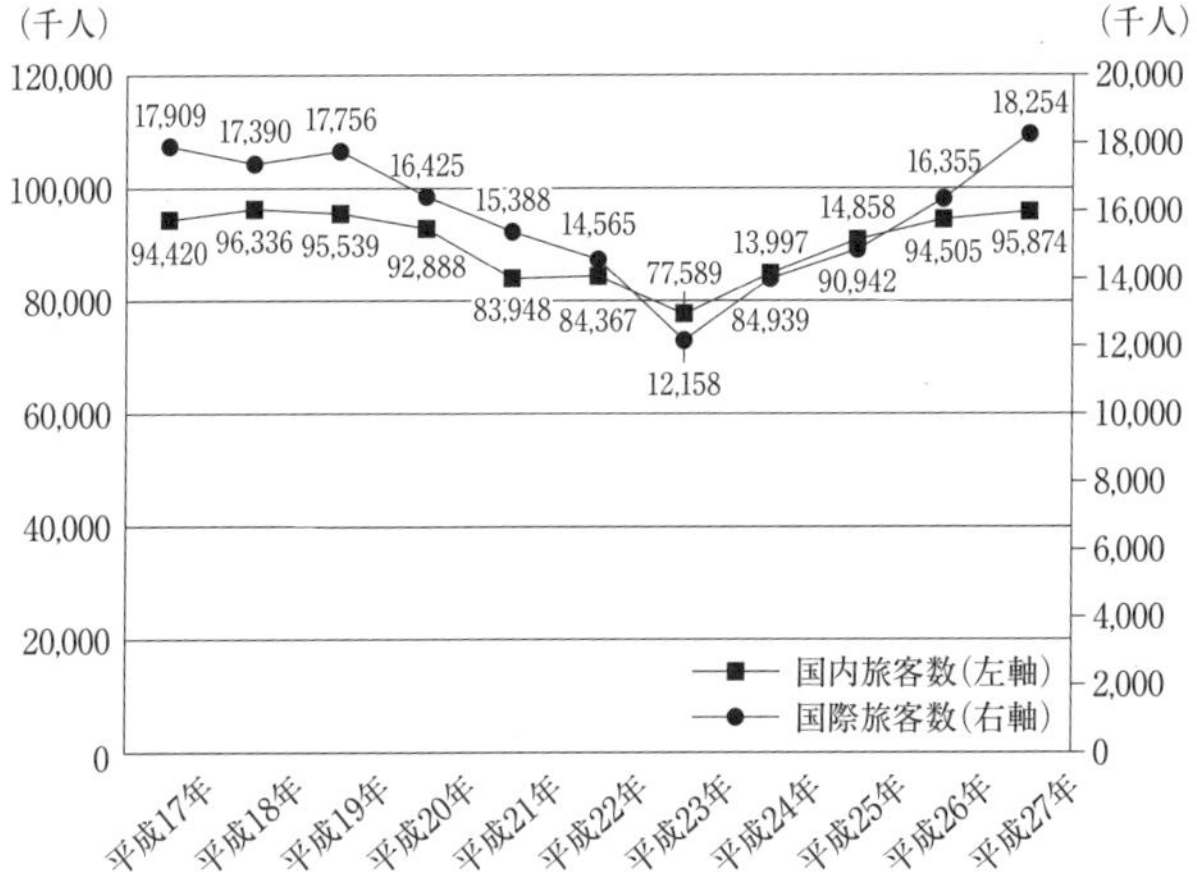

出典：国土交通省の資料による

道はじめ公共交通機関等の利用を促進することが求められている。このように観光交通面で鉄道への新しい期待が高まりつつあるといえよう。

〔航空〕空港整備、航空機の大型化等を機に観光においても航空需要が急増してきた。航空の公共交通機関中（国内）に占めるシェアは人キロベースでは13%をこえた。とくに観光地の多い四国、北海道、沖縄や離島への観光は航空機で支えられているといっても過言ではない。しかし格安航空の参入等航空業界での競争がはげしさを増していること、新幹線開業の影響による利用減の目立つ路線も増える等、今後の事業経営上の課題も見受けられる。

なお、空港アクセス改善のため鉄道によるアクセス（千歳、仙台、成田、関西、宮崎等で実現）

が好評を得ており、この面からも交通機関相互の連携による総合観光交通システム構築が急務とされている。

また航空でも利用そのものが観光資源となる遊覧飛行等も一部で動き出している等、観光と航空にも新しい関係が生じつつある。

〔船舶〕国内主要4島間はすべてトンネル、架橋で直結され、また主な離島（とくに観光資源の多い）との間にも各地で架橋が完成、内海航路を中心に多くの航路が廃止された。国内船舶の旅客シェアは1％未満という状態にある。観光との関係で注目されるのは高速船の就航、長距離フェリーの就航、クルーズ船の普及等である。高速船のなかには自動車をしのぐ速度のものもあり、内海航路では観光ルート（商品）に組込まれるものも多い。また長距離フェリーのなかには豪華船を就航させ、鉄道のように乗船そのものが観光資源となる傾向が見受けられるようになってきた。さらに観光面で注目されるのは大型クルーズ専用船の導入である。10万トンクラス（以上）の超大型・豪華船が内外の船会社によって続々建造され、また来日する。外国人観光客の利用（日本寄港）も目立つようになってきた。このため大型クルーズ船の寄港可能な埠頭の整備、機動的入出国手続きへの対応等の公的施策が進んでおり、外国人観光客の増加に大きく寄与するまでになっている。課題としては、船内宿泊（場合によっては船内供食）の利用によって受入側

表3-3

- 道路（道路法上の道路）
  - 高速自動車国道（国土交通省管理、高速道路株式会社管理）
  - 一般国道
    - 指定区間（国土交通省管理）
    - 指定区間外（都府県管理）
  - 都道府県道
    - 主要地方道（都道府県管理）
    - 一般県道（県管理）
  - 市町村道（市町村管理）

表3-4　高速道路の整備の進捗状況

（平成28年4月末現在）

	全国	
	延長（km）	比率（%）
予定路線延長	11,520	100
基本計画延長	10,623	92
整備計画延長	9,428	82
供用延長	9,656	84
うち高速自動車国道	8,761	76
うち高速自動車国道に並行する一般国道自動車専用道路	895	8

出典：国土交通省の資料による

の経済効率が減殺されることもあること、入出国手続の迅速な対応、また一時的な大量移動によるバス・道路等のアクセス交通の需給逼迫等の課題が指摘されており、その解決も急務である。

(b) 道路交通

道路は観光を支える中心的な役割を果たす重要な基盤施設である。昭和30年以降累次の道路整備計画にもとづいてガソリン税、自動車税等の財源を活用して国の重点施策として道路整備を強力に推進した。自動車の普及もあっていまや観光地へのアクセス手段の大半を道路交通機関によるまでになった地方も多い（自家用車普及率70％）。

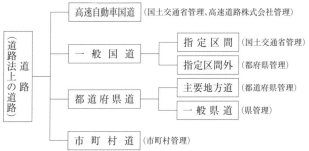

図3-5　乗合バスの輸送人員の推移

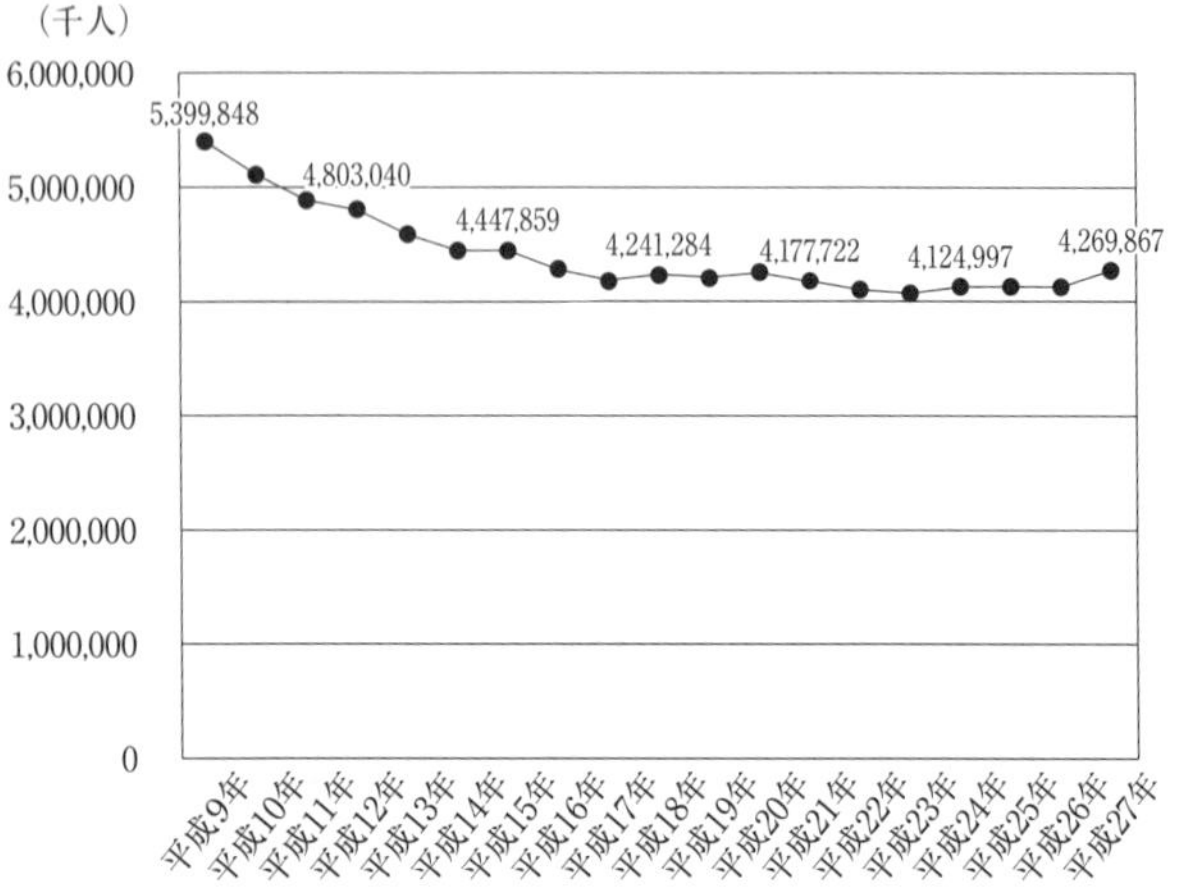

出典：国土交通省の資料による

現在、高速道路は総延長1万kmに届く状況で、国土の基幹高速道路網は概成に近い。一般国道・県道・市町村道も完全舗装は勿論、様々な整備が進んでいる。ただ工事の重点施工のため一部ミッシングリンクといわれる環状道に未成地域等が残る一方、コマギレ状の整備のため全体としての円滑な利用を妨げているところもある。また老朽のため抜本的な補修を求められる道路等が観光地への道路に多く残されており、早急な整備等が必要とされる。なお道路そのもの（道路景観、橋梁等の道路施設）、「道の駅」などが直接観光資源となる現象もみられるようになってきた。

道路整備の進展と自動車の改良普及に伴い、道路交通（自動車、バス）は国内旅客輸送の約70％のシェアを占めるに至った。伸びの大きいのは自家用車で、反面バスは路線バスを中心に撤退が進みシェアが低下している。観光地への足にも影響が出ている地域があり、宿泊施設や観光地が駅等から無料送迎バスを運行してカバーしているところも多くなってきた。観光バスの名で観光に大きい役割を占めてきた貸切バスも規制緩和があって業者数、車両数は増加してきたが、業者間競争激化や団体客の減少、運転手不足等もあり、その経営はきびしいものがある。タクシーについても規制緩和で需給調整がなくなったので台数増加が目立ち、逆に経営の圧迫要因となっているところもある。

このように観光に大きい役割を果たす道路交通、とくに公共交通機関の中核でもあるバス、タクシー等は大きい経営の転換にせまられている。観光基盤としての機能の維持発展のためには、バス会社、タクシー会社の安全を前提とした経営改善への努力と観光地での機能維持のための公的支援（公営循環バスの運行、道路走行環境改善）を求めつつ、幅広い分野にわたる経営改善が急務である。

(c) 宿泊施設

観光にとって宿泊施設（旅館、ホテル等）は重要かつ不可欠の観光インフラであるが、その現状をみると観光との関係では一部で需給逼迫等の問題が生じている。

図3-6　日本の宿泊施設数の推移（ホテル・旅館）

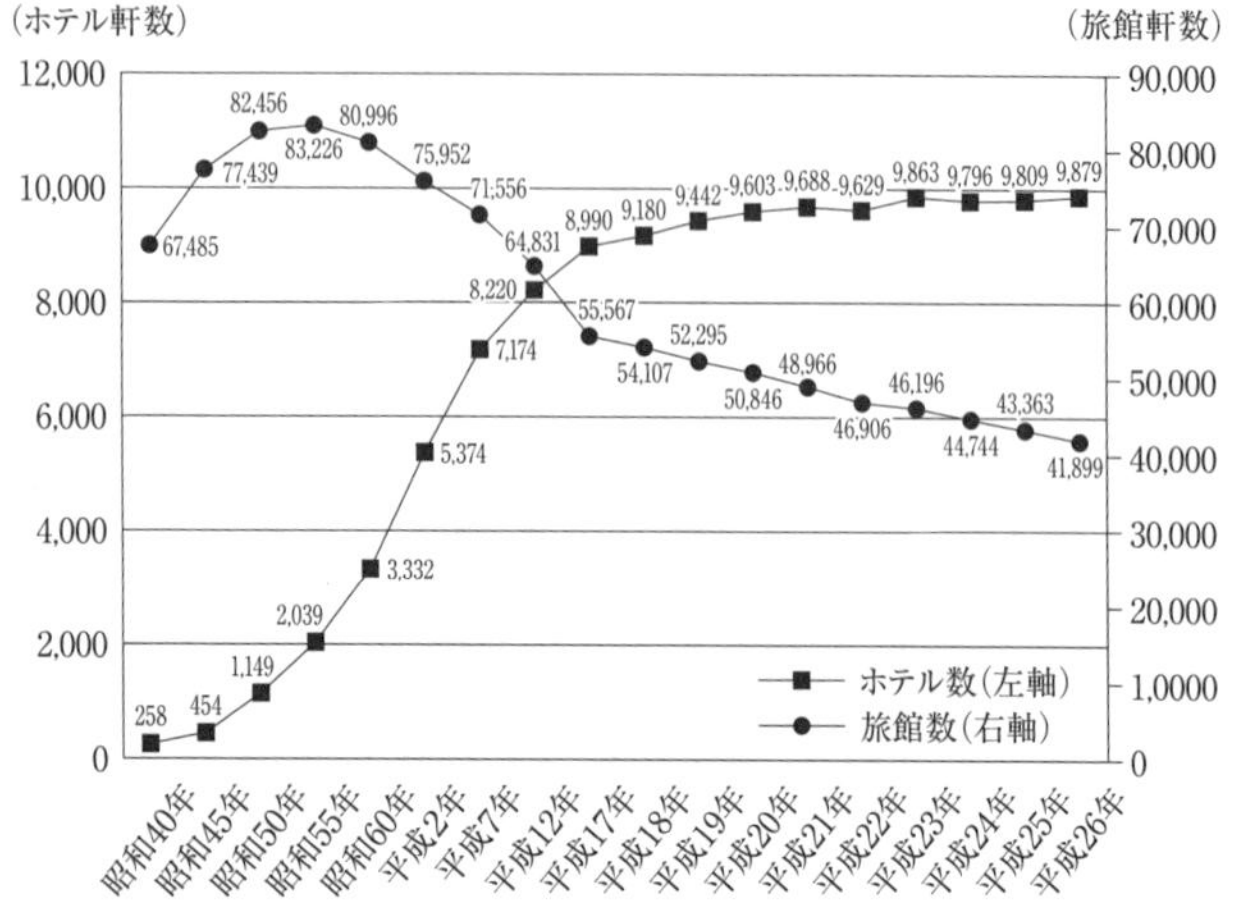

出典：厚生労働省統計から作成　51,700軒強の宿泊施設（ホテル・旅館）

〔旅館〕和式設備を中心とする宿泊施設、旅館は現在約4万1000軒が営業中である。中小企業が多く経営近代化が遅れているものもあり漸減傾向にある。しかし観光地、とくに伝統観光地では現在も旅館が宿泊施設の主流を占めている。法律で室数（5室以上）、所要面積（1室7㎡以上）を定められると共に、衛生面、保安面から様々な規制がある。また開業には都道府県（市）の許可が必要とされる。旅館のなかには1泊2食付の契約方式や部屋代の決め方・サービス方式に古い商慣習が残っている（とくに観光地で）ところが多く、また経営規模の小さいものが多いため、経営効率化が遅れコストが高止まりしている所が多い。重要な観光基盤であるだけにこれからの改善、経営効率化が強く求められている現状にある。

〔ホテル〕洋式設備を主とするもので客室10室以上、1室当たり9㎡以上と法定され、都道府県（市）の許可事業となっている。生活様式の洋風化、外国人観光客の急増に伴い逐年その数は増えつつあり、現在約1万軒が営業中である。戦前は国が直接、外国人観光客用のホテルを各地に整備したこともある。旅館に比べ契約（料金）方式が泊食分離されている等、利用しやすく、都市は勿論各地の有名観光地にも続々とホテルの建設が進んでおり、旅館のホテル化なども進んでいる。

ホテル、旅館は沿革的理由から、法律上も区分され、別々の発展経緯を辿ってきた。しかし、次第にその客層や利用形態の差が小さくなってきた。旅館の洋式化、個室化、ホテルでは和風庭園、和室の併設なども進んでいる。また両者の特長を折衷した高級和風旅館なども大都市に立地するようになった。このためホテル、旅館の法的な規制上の区別の撤廃が求められるようになってきた。

なお宿泊施設についても他の観光インフラと同様、宿泊そのものが観光資源となる傾向がみられる。斬新な設備、接遇方式を備えた旅館、ホテル等が続々と各地に出現しつつあり、それを目当ての観光客の利用も目立ってきた。ここでも観光基盤の観光資源化の現象が顕著である。

近年観光客（外国人客等）の急増に伴い大都市や主な観光地でホテルを中心に需給が逼迫し、

表3-5　旅行業者推移

	第1種旅行業者	第2種旅行業者	第3種旅行業者	地域限定旅行業者	旅行業者代理業者	計
2012(平成24年)	726	2,799	5,749	—	872	10,146
2013(平成25年)	701	2,794	5,679	—	837	10,011
2014(平成26年)	696	2,777	5,625	44	845	9,987
2015(平成27年)	697	2,776	5,524	77	810	9,884
2016(平成28年)	708	2,827	5,668	118	779	10,100

(注) 各年4月1日現在
第1種旅行業者…海外を含むパック旅行及び乗車船券等の販売等
第2種旅行業者…国内のみのパック旅行及び乗車船券等の販売等
第3種旅行業者…営業所所在の市町村及びこれに隣接する市町村等を旅行範囲とするパック旅行及び乗車船券等の販売等
地域限定旅行業務…営業所所在の市町村及びこれに隣接する市町村等を旅行範囲とするパック旅行及び同区域の乗車船券等の販売等（平成25年4月1日設置）
出典：国土交通省観光庁の資料による

観光客の受入れにも支障をきたすようになってきた。ホテル、旅館の整備、両者の規制上の統合、さらに民泊の拡大に伴う宿泊施設の新しい秩序の確立等が求められる。このように観光基盤としての宿泊施設は様々の新しい課題に直面している。

(d) 旅行業

観光は前述のように移動を伴い多くの場合、交通機関、宿泊施設等を利用する幅広い行動を伴う。このような様々の観光に伴う情報提供、利用あっせん（主として交通機関利用、宿泊施設について）、契約締結の代行（乗車券、旅館ホテル券等の代売等）を主に業とするものが旅行業で、観光支援基盤として大きい役割を果してきた。旅行業は顧客から手数料を収受する場合が多く、契約代行によって、即ち利用券の代売等によって資金循環の媒介も行う（一定期間、資金が滞留するメリットもある）。それらによる収益が経営を支えてきた面が大きい。このため、いわゆる手数料ビジネスといわれることさえあった。旅行業者は第1種（国内外観光旅行の企画・商品販売）、第2種（国内のみに限定）、第3種（市町単位のパック旅行販売）とに分かれる。現在これらの旅行業者は約1万社に達し、規模の大きいものは国へ、それ以外は都道府県への登録が義務づけられている。旅行者（観光客）保護、取引の適正化をはかるため営業保証金の供託、旅行取扱主任者の配置（有資格者による）義務等の規制がある。

旅行業者は日本では江戸時代の神仏詣の「講」に発する永い歴史があり、明治末年には国が国際観光推進のため旅行あっせん機関を設立したこともあり、これらを前身とする会社がいまの大手旅行業者の中核となっていった。しかし、日本の旅行業は全体として依然中小企業が多く、それぞれの得意分野を活かして、規模の違いを克服して営業している。

旅行業は主な営業分野としていた団体旅行の減少、また情報機器の普及に伴い単なる代売あっせん機関としての役割は小さくなり、旅行業者を介さない観光（旅行）の増加も目立ってきた。従って旅行業者は自らのもつネットワーク、ノウハウを活かして斬新な旅行商品の開発、販売システムの改善等にせまられている。手数料ビジネスから脱皮して観光コンサルタント等総合情報産業への脱皮が期待される。

(e) 物販(みやげ物等)店

観光地でのショッピング、買物も大きい観光の分野となってきた。商店街(繁華街)あるきが都市観光の大きい目的のひとつでもある。また主要観光地でのいわゆる「みやげ物店」での買物も観光客にとって観光をより深く記憶にとどめる効果もあり、観光の重要な要素となっている。とくに「爆買い」とさえいわれた多くの外国人観光客にとっては買物が観光そのものとなったとさえ考えられる。買物も観光に「付帯」した行動から脱皮して「観光」の重要な要素(分野)となり、物販店もその展開の場のひとつとなっている。物販店(みやげ物店等)とその集積された商店街は観光(支援)基盤として大きい役割を果たすようになった。正確な数値は把握できないが、売上げは年間数十兆円にのぼると推定されるほどである。店舗数でみても、経産省商工業実態基本調査等から推計しても19万6000店に及ぶとの試算がある。

みやげ物とはその名の通り土産《みやげ》、即ち地元産のものを意味する。同時に神への奉納金(品)に見合う御饌《みけ》(いわゆるおさがり)に由来する言葉であるともいわれる。古来の宗教観光に由来するものであり、観光地にしか立地できない、また観光地でしか売れない名物等の販売である。観光地にとってはみやげ物店が観光に伴う経済効果を吸収する重要な役割を果たす。しかし、一般物販店のなかでどこまでを観光「みやげ物店」として把握するかが難しい。膨大な数にのぼる物販店のなかから観光地に所在するもの、主に観光客を対象としているものを一定規準のもとに抽出して推計するほかないのが現状である。

みやげ物販売等の物販店はそのほとんどが中小企業であり経営の近代化、効率化が遅れているものも多い。同業者同士の連携強化によってこの点を克服してコストダウンをはかること、また多岐にわたる小規模な業態のみではまとまった情報発信も難しいので、観光地に総合アンテナショップを設けるとか、総合情報システムを構築する等の動きも出てきている。

（注）みやげ物店は観光地には専門店もあるが、かなりなものが駅売店、道の駅、デパート、コンビニ等で一般商品と共に売られている。観光みやげ物の売上げはこのなかから抽出推計するほかない。

全小売事業者数のうち観光地域割合で試算すると、約60万店、全小売事業者のうち観光客への売上げがあるとみられるものから推定すると約20万店とひらきがある。観光みやげ物売上額も数兆円から数十兆円までの推計にひらきがあり、現時点でのみやげ物店にかかわる定量的な状況把握は困難な状態にある。

同じものでも観光客が観光みやげと思って購入するか、単なる日常の買物として買うか、人間の心にかかわるものだから事実上区分できない。

③「観光基盤」を活かすもの

(a) 観光情報

前述のように観光構造のなかで情報は各観光要素間を結ぶ重要な手段であり、情報が今後の観光発展のうえで大きい役割を果たすことを見てきた。まさに「情報は観光の血液」といっても過言ではない。とくに観光資源にかかわる情報は観光の出発点になる観光意思（動機）の形成に決定的な影響を与える。また観光資源からの情報によって観光基盤である交通、宿泊施設等はその受入体制を整えることが可能となり、それがさらに観光客の利用を促す等、終始観光を支援し、要素間の好循環をもたらすことができる。

このため観光団体、自治体、主要旅行会社、交通機関などは情報サイト、ホームページの開設等、ほとんどが何等かの近代的情報システムにかかわるに至り、観光客個人の情報端末からこれらに直接アクセスできるようになった。観光の発展に情報の円滑な流通と量的・質的充実が大きいカギを握るようになった。日本観光振興協会の開設した「観るなび」システム等はその代表的なもので、アクセス数も膨大な件数に及んでいる。

しかし、情報に対価を支払う慣習が日本では成熟していないため、有効な情報の提供にもビジネスモデルが構築できず、その発展拡充を難しくしている。価値の高い有形無形の観光情報、たとえばいわゆる秘境、離島など多くの人々にとって未知の地域の観光情報の収集提供（とくに情報取得コストの高い地域や場合等について）には情報システムに課金システムを開発付加し、情報提供に何等かの対価が提供者に得られるしくみづくりが今後の発展充実のために必要なのではなかろうか。

(b) 観光法規

国は「観光立国」の旗印のもとに経済成長戦略のひとつとして、また国際間相互理解の促進のために重要国策として観光の推進に取り組んでいる。観光促進のいわばソフトの面の支援基盤として観光政策とそれを化体する観光法規の整備は重要な役割を果たす。

観光法規はまず国の観光に対する基本姿勢、政策の方向を示す「観光立国推進基本法」が中心に位置する。そして分野別にこれを補完する法規として　①観光サービス促進にかかわるもの、②観光施設にかかわるもの、③観光インフラ（交通等）の経営、運営にかかわるものに大別できる。

観光法規は観光ないし観光客の安全確保（保護）にかかわるものから、観光の経済行動としての諸規制、公正取引の確保、営業秩序の保持、観光資源ないし観光環境の保全等幅広い分野にわたっている。極言するならば、あらゆる法規は人間の文化的経済活動として展開される観光に何等かのかたちでかかわっているともいえよう。以下、観光の基本にかかわる主な法規について概観する。

図3-7　観光法規の例

- 「観光立国推進基本法」
  - ①観光サービスにかかわる法規
    - 旅行業法
    - 通訳案内業法
  - ②観光施設にかかわる法規
    - 文化財保護法
    - 自然公園法
    - バリアフリー法
    - 温泉法
    - 旅館業法
    - 国際観光ホテル整備法
  - ③観光交通にかかわる法規
    - 道路運送法
    - 航空法
    - 鉄道事業法
    - 空港港湾整備法
    - 通運業法

（注）バリアフリー法（通称）「高齢者、身体障害者等の公共交通機関を利用した移動の円滑化の促進に関する法律」

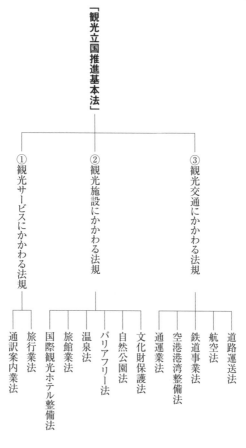

・「観光立国推進基本法」「基本法」の名は国の重要政策にかかわる国の基本姿勢、施策の基本を定めるものである。同時に関係者のそれに対する責務、施策推進にかかわる経済社会的条件整備など政策基盤、政策環境の整備方針等国の基本姿勢を明らかにするもので、教育基本法等他の重要国策と同じレベルで国が観光に取組むことを明らかにしたものとして、観光にとって画期的な意味と内容をもつものである。

最初の制定は昭和38年にさかのぼる。39年の東京オリンピックを目前に（国際）観光への国の積極的取組みが求められたこと、また高速道路、新幹線、空港などの交通基盤整備と経済成長に伴って国の観光の発展を期するため「観光基本法」が制定された。ともすればただの遊びとしてしか考えられていなかった観光を重要な国策のひとつとした点において、この基本法の制定は当時としては画期的な意味をもつものであった。その後の国の観光政策、民間での観光団体、経済団体の観光への取組みにも重要な指針を与えた。

平成15年国の「観光立国」の旗印のもと国をあげて（国際）観光推進に努めることが閣議で決定された。同時に昭和38年制定の「観光基本法」が全面改正され、あらたに「立国」「推進」の4文字を挿入した。国の観光への強い意思を表明する新法として「観光立国推進基本法」に脱皮成立したのである。

この法律は21世紀の経済社会発展のため「観光立国」の実現が重要であることを確認し、①観光で国民経済を発展させ、②国民生活の安定向上を期すと共に、③国際的視点にたって地域の創意工夫を活かし、いわゆる④「住んでもよし訪れてもよしの国づくり」の実現をめざすとしている。基本施策として、①内外に評価される魅力ある観光地づくり、②観光産業の総合的競争力強化、人材育成、③国際観光の振興、④観光促進のための環境整備への取組みを規定する。

この基本法を受けて観光諸施策の計画的かつ総合的推進をはかるため「観光立国基本計画」が平成19年に策定された。このなかで観光にかかわるいくつかの目標数値が示されている。

①外国人訪日旅行者数を２０１０年までに１０００万人、日本人の海外旅行者も同数とする。

②国際会議開催件数を平成13年までに5割増とする。

③日本人の国内旅行による一人当たり宿泊数を1泊増の年間４泊とする。

④国内観光旅行消費額を平成22年までに30兆円とする。

等である。この目標値のうち①は予想をはるかに上回る急成長を遂げるに至ったので、平成27年より高みをめざして目標数値を上方修正して、２０２０年４０００万人と設定したことは周知の通りである。

その他の法規については観光産業関連のものが中心で、それらはそれぞれの項目で、また観光資源関連のものは次項で記述することにしたい。

このほか地方自治法等にもとづいて制定される都道府県市町村制定の条例がある。とくに観光地を擁する自治体では観光関係の条例を策定する動きも盛んである。なかには「みんなで作ろう観光立国」などと住民主役の観光推進を強くよびかけるものや、口語体（です、ます体）の県条例等、一般市民、観光客にも親しみやすい観光条例を制定するなど、ユニークな条例も誕生しつつある。観光は観光地に密着したものであり、また観光客にも身近なものであるだけに、このような住民目線にたった条例の制定の果たす役割はきわめて大きいものがある。

（c）観光統計

事業を経営する場合、その施策立案、経営企画立案のためにも、また実績を今後の施策の推進にフィードバックするためにも「統計」が大きい役割を果たす。観光もひとつの事業である以上、その施策や企画のための基礎情報としての観光諸統計、事業推進のために必要な観光資源、宿泊施設、交通などに関する統計情報が不可欠である。

観光統計は国（各省庁）、日本観光振興協会、国際観光振興機構など（準）公的機関ないし全国的団体等を中心に作成されている。しかし前述した通り、観光は観光意思（動機）という人の心の動きに基づくものであるため定量的把握がきわめて困難な分野である。即ち人々の行動にかかわる動きのなかで観光客のそれを抽出計上すること、更に産業活動諸統計のなかで、即ち経済活動全体のなかから観光を分離して定量的に把握することは容易ではない。現に産業分類についても公式統計には観光産業という分類は今もって存在しない。類似の、また観光に関係深いと思われる業種を特定してその数値を観光産業とみなして把握しているにすぎないのである。宿泊者数の統計も交通機関利用者数のなかでの観光客の内訳数値もすべて推計による。国の政策目標となっているインバウンド（外国人観光客数2020年4000万人）の目標数値もビジネス客も含む訪日外国人数（入国者集計）によるほかなく、純観光客の内訳人数は不明（未区分）のまま観光客とみなして使っている。また国内観光客数も自治体ごとに集計基準が異なっていたため、合計数値が依然不明のままである。旅行目的の個人別調査が難しい（抽出で聞きとり調査をしても回答を拒否されたり、実態と異なる答えをする人も多く、不正確なものにとどまる）。観光事業は「羅針盤なき航海」をしているといわれる所以である。一定の推定基準のもとに観光客数を統一して把握する努力を観光庁が進めており、その実現がまたれるところである。

④観光資源（観光対象）

前記のように観光しようとする人（観光客）が自らの観光動機から、①観光意思をもって行動し、②日常生活の場を離れて、③観光地（観光対象所在）に出かけ観光対象に接する、そしてそこから一定の④観光効果を得た場合、その対象がその人にとって⑤「観光資源」となる。この一連の過程が観光である。そこで人によって観光資源となる対象はそれぞれ異なることになるが、一般的に大多数の人々にとって観光資源と認められる可能性の高い観光対象が観光資源と考えられているので、本稿でもそれらを「観光資源」として記述することは前述の通りである。

(a) 観光資源の分類

「自然観光資源」と「歴史文化観光資源」に二大別できる（表3－6）。「自然観光資源」とは文字どおり自然に生成しているもの、自然景観、温泉、動植物、気象にかかわるもの等である。「歴史文化観光資源」とは人の手が加わったもの、人が造成したもの等がこれにあたる。建物、庭園、史跡、美術、工芸品等である。そしてこのそれぞれに有形・無形の別がある。このような個別の観光資源がまとまって、一体として観光資源（対象）となる場合、「総合観光資源」という、公園、社寺、博物館、動物園などがこれに当たる。また観光手法によっては都市、農村そのものの

表3-6　観光資源の分類（例）

	有形観光資源	無形観光資源	総合観光資源
自然景観 観光資源	・温泉 ・海（岸）、河川（湖沼） 山岳（高原） ・動植物 〔植物、動（生）物〕 ・天体（星）	・自然現象 不知火、蜃気楼、 オーロラ ・気象（雪、雨、四季） ・音	・自然公園 国立公園 国定公園 都道府県立自然公園 ・動物園、植物園、 水族館 （・風光）
歴史文化 観光資源	・建造物 ・遺跡、史跡 〔遺跡・城郭（古墳）〕 ・美術工芸 陶磁器、絵画、 彫刻（仏像） 古文書　等 ・有形民俗文化財	・無形文化財 音楽、技術、民話、 能楽、演劇 ・無形民俗文化財	・神社寺院（庭園） ・美術館、 博物館（記念館） ・テーマパーク
複　合 観光資源			・都市、農村 ・リゾート

（注）1：総合観光資源とは複数種の観光資源がまとまりひとつの観光資源となったものをいう
2：複合観光資源とは自然景観観光資源・歴史文化観光資源の両資源にわたる総合観光資源をいう

全体がまとまってひとつの観光資源となる場合もあるが、この場合、自然、歴史文化の両資源のまとまりという意味で「複合観光資源」と考えることとする。

観光資源は当初から観光目的でつくられたものはむしろ少ない。そして観光資源は観光によって直接消耗するものも少ない。しかしほとんどの観光資源については経年劣化が起こり得るので、観光資源の保全保護と観光を両立させる努力がすべての観光資源にとって必要とされる。

(b) 自然観光資源

日本列島は南北3000kmにわたって展開している。このため亜熱帯から亜寒帯にわたり、そこに存在する自然の風物も変化に富む。複雑な海岸線、起伏の多い国土、火山とその活動による豊富な温泉の湧出、それらが織りなすすぐれた自然景観に恵まれている、まさに世界のすぐれた自然景観を凝縮したような国土をもつといえよう。

自然観光資源には景観（風土）を構成する海（岸）、山、河川、湖沼をはじめ、温泉、動植物等、多くの有形観光資源が中心となり、それに自然現象、雪、雨（蜃気楼、不知火のような特別な自然現象も含む）等無形観光資源を伴う。なお、四季の移り変わりもこれらの資源にいろどりをそえるものといえよう。自然観光資源のまとまりともいうべき複合観光資源（自然公園など）も各地に存在する。

主な自然観光資源の現状は次の通りである。

〔温泉〕温泉法によって泉源温度、含有物質の基準が定められ（泉温25℃以上、指定含有物19種類のいずれかを含む）、それに該当したものが「温泉」と呼称される。全国約3000ヵ所に及び温泉のない都道府県はない。

〔山岳〕国土の60％は山林といわれる。生活に密着した人家に接する「里山」から3000m級の高山まであり、生息動物や植生も変化に富み、これも重要な観光資源となっている。山岳がひろく観光資源として認知されたのは、明治以降の外国人の示唆によるところが大きい。

表3-7　温泉地数及びゆう出量

都道府県	温泉地数	ゆう出量 ℓ／min	都道府県	温泉地数	ゆう出量 ℓ／min
北海道	246	255,624	和歌山県	51	58,106
青森県	132	137,554	鳥取県	15	20,424
岩手県	75	109,326	島根県	44	26,070
宮城県	82	33,670	岡山県	38	22,598
秋田県	125	88,355	広島県	63	33,107
山形県	88	52,882	山口県	51	26,366
福島県	134	85,567	徳島県	30	7,074
茨城県	36	20,720	香川県	27	11,657
栃木県	69	65,307	愛媛県	35	19,322
群馬県	103	55,847	高知県	35	4,091
埼玉県	25	19,468	福岡県	52	60,229
千葉県	94	14,508	佐賀県	24	20,649
東京都	26	29,050	長崎県	32	26,962
神奈川県	34	35,680	熊本県	54	139,453
新潟県	151	68,978	大分県	63	278,934
富山県	73	31,189	宮崎県	36	24,558
石川県	53	32,735	鹿児島県	100	156,539
福井県	40	8,047	沖縄県	8	3,306
山梨県	28	46,782	2014(平成26)年計	3,088	2,630,428
長野県	221	119,949	2013(平成25)年計	3,098	2,642,705
岐阜県	67	73,683	2012(平成24)年計	3,085	2,588,195
静岡県	119	121,835	2011(平成23)年計	3,108	2,681,673
愛知県	33	19,360	2010(平成22)年計	3,185	2,686,559
三重県	68	45,597	2009(平成21)年計	3,170	2,752,259
滋賀県	22	10,114	2008(平成20)年計	3,133	2,772,022
京都府	39	17,690	2007(平成19)年計	3,139	2,799,418
大阪府	39	35,276	2006(平成18)年計	3,157	2,777,894
兵庫県	76	49,166	2005(平成17)年計	3,162	2,761,300
奈良県	32	7,025	2003(平成15)年計	3,127	2,681,182

(注) 温泉地数は宿泊施設のある場所を計上
環境省自然観光局、総務省自治税務局資料による　　2016（平成28）年3月末

表3-8　日本の湖沼数

北海道	127	滋賀県	19
青森県	27	京都府	11
岩手県	24	大阪府	12
宮城県	26	兵庫県	20
秋田県	42	奈良県	15
山形県	45	和歌山県	8
福島県	51	鳥取県	12
茨城県	16	島根県	14
栃木県	18	岡山県	12
群馬県	43	広島県	19
埼玉県	20	山口県	19
千葉県	7	徳島県	6
東京都	16	香川県	12
神奈川県	16	愛媛県	22
新潟県	66	高知県	7
富山県	21	福岡県	10
石川県	9	佐賀県	5
福井県	16	長崎県	15
山梨県	21	熊本県	24
長野県	185	大分県	30
岐阜県	28	宮崎県	16
静岡県	32	鹿児島県	14
愛知県	17	沖縄県	8
三重県	13		
合計　1,216			

（注）（一般）日本観光振興協会「全国観光情報データベース」による

〔湖沼〕生成の経緯によって火口湖、陥没湖等にわかれ、独特の景観を呈し観光資源とされるものが多い（中心部にまで沿岸植物の植生が認められるものと水深5m以下のものは「沼」と区分する）。湖が海と直接つながる汽水湖では海と一体となって観光資源を形成しているところが多い（浜名湖、宍道湖等）。主な湖は国立（国定）公園の指定エリアに入り、他の資源とあわせて総合観光資源となっている。

電源開発、治水工事等によって各所に大型のダム湖が出来、人工的な修景、植林等とあわせて観光資源として評価されるものも出てきた。これらは人の手によるものという意味で歴史文化資源の分類に入るべきかと思われるが、周辺の自然景観と一体となっているため自然資源に分類することが多い。

〔海（海岸）〕四面環海の日本は複雑な長い海岸線（延べ約2万3000㎞）をもち、流氷の見られる北の海からマングローブの茂る亜熱帯の海まで変化に富んだ景観を呈する。沿岸開発の進行で自然海岸が失われたり、海の汚染が進む地域も多く、観光と資源保護の両立が求められている。

〔河川〕地形上急流が多く、沿岸の景観は変化に富む。古来河川をめぐる様々な伝統、年中行事（川開き、とうろう流し、花火）が各地で行われ、これらとあわせて伝統的観光資源とされている川もある。河川は発電、漁業、上水道源、かんがい等多目的に利用されているため、これらと観光との調整や資源保護に留意しながら観光を進める必要がある。河川に派生する湧き水、泉はそのものが名水として観光資源となるものも多く、環境省が日本の名水指定を行ってその保護と観光促進に努めている。

表3-9　級別河川数

区　分	一級河川	二級河川	準用河川
河川数	13,935	7,074	14,143

（注）国土交通省資料による

〔動植物〕観光は非日常性を求めるものであるから、動植物についても特定の高山、高原、湿地、海岸等に生息するものや絶滅危惧種など、いわゆる珍しいものが重要な観光資源となる。動植物の観光については、資源保護の観点から、その生息環境のなかに入り一定の場所から自然のままの姿に接するバードウォッチング、森林浴、グリーンツーリズムなどの観光手法が近年普及してきた。

〔その他〕無形自然観光資源。前述の有形観光資源のほか、自然現象そのもののような無形のものを観光資源とする動きが目立ってきた。天候、雪、四季、音などがそれである。多くの場合、「雨の○○」「雪の○○」のように背景として観光対象と共にある状態を資源として評価するという性格をもつ。また蜃気楼（富山湾）、不知火（有明海）なども人気の観光資源となったが、その発生を正確に予知することは困難である。このため発生地の最寄り駅等に観光団体の手によって蜃気楼発生予報（本日の発生確率何％）を掲出しているところもある。このように正確な捕捉が困難な自然観光資源も存在する。

このような自然観光資源がいつの時代からどのような経緯で資源として認知されるようになったか、**表3－10**に示した。

〔自然総合観光資源〕一定の規模の地域を公的に指定し、地域内の自然景観（山、川、海等で構成）やそこに生息する動植物等をまとめて保護保全しつつ公開、活用するため各地に公立公園（国立、国定公園）が設けられた。これらも全体として総合自然観光資源と考える。動植物園、水族館なども同一施設内に多くの観光資源群が保存されており、それ自体がまとまって総合観光資源を形成している。

〔風光景観等〕自然観光資源独特のものである。これからもある地域の山、川、海、湖等の観光支源がまとまったひとつの自然景観を現出している場合で、総合観光資源ということができる。なお自然（総合）観光資源はその地の歴史文化観光資源と結びついて一体としてさらに大きい観

表3-10　観光資源の認知経緯

時代区分	動機	観光の形態
古代から中世	未知への憧れ（本能的） 交易、生活行動 文献（万葉集、風土記等）の影響	本能から観光意思の発生 限られた人の観光 見物、温泉観光中心
中世から近世	宗教活動（参詣、遍路、修行） 山岳宗教（登山、礼拝） 道路整備、宿駅制	宗教行動（途上観光） 庶民観光の普及 観光資源の開発、認知 観光行事の展開
幕末から明治以降	開国（外国観光の影響） 国策（国際観光） 教育への導入 生活環境の近代化 観光地の整備（交通、宿泊も） （国立公園等）	国際観光の参入 文化・経済活動として普及 生活慣習への組込み 新観光資源認知 観光の広域化
戦中戦後	観光の自粛、禁止 観光施設の機能停止	観光の空白期（敬神宗祖の旅、体位向上の旅限定）
現　　代	国際交流の復活、盛行 経済高度成長実現 アクセス（道路、空港、鉄道）整備 資源保護（重視）施策推進 オリンピック、万国博開催	観光の大衆化（観光ブーム） 観光形態の変化（ニューツーリズム等） （テーマ別観光） 国際観光の進展
今　　後	環境（自然）保護の動き リゾート開発 観光立国政策	観光年齢層のひろがり 広域観光、国際観光中心 大交流時代の出現（観光立国）

（注）自然、歴史文化両観光資源共通の経緯を示す

表3-11　自然公園

（平成28年4月15日現在）

区分	公園数	公園面積（ha）	公園面積／国土面積（%）
国立公園	32	2,133,693	5.65
国定公園	57	1,419,542	3.76
都道府県立自然公園	311	1,967,222	5.21
計	400	5,520,457	14.61

（注）国土面積は、37,797,201ha（平成26年全国都道府県市区町村別面積調（国土地理院））による
出典：環境省自然環境局資料による

尾瀬国立公園

光資源のまとまりを形成することがあり、この場合は自然、歴史文化あわせた「複合観光資源」と考える。

(注)「風景」「風光」「景観」は紛らわしい表現であるが、次のように使い分けて用いられている。
風景＝自然の景色を一般的に表現する用語
風光＝風景のうちとくに景色のすぐれているところをあらわす
景観＝自然の景色に人工の建造物（まちなみ）等を含んだ幅広い表現で、前述の複合観光資源をあらわすとき用いられることも多い

(C) 歴史文化観光資源

主に人間の手によって形成ないし加工されてきたものが中心である。従って、その多くが文化財といわれるものである。人間の知的進歩と時の経過によって表

表3-12　歴史文化（伝統）観光資源特有の認知経緯

時代区分	動機	観光の展開
古代から近代	・文化財、史跡等の意識はうすい ・戦乱等での破壊が進む （木造文化）	・観光資源としての認識はうすい ・宗教の対象、日常生活の器具としての認識
幕末・明治以降	・文化財の認定制度 ・古物保存の動き ・保存法規の制定 ・学者の提言等により文化財（観光資源）の価値を再認識	・社寺等の観光資源としての認知度が高まる ・保存と共に公開が進む
戦中戦後期	・文化財被災	・観光空白時代
現代	・観光ブームの発生 ・価値の再認識、保護保全のための幅広い取組み	・保全と観光との調和の必要性 ・他の観光資源ともつながり観光圏の形成
今後	・テーマパーク等、新しい観光形態の登場	・国際的、広域にわたる観光資源の開発、展開 ・アミューズメントと観光（文化）との統合

3－12のように観光資源として認知されるようになってきた。この過程が文化財形成の過程でもあったと考えられる。自然観光資源の場合と同じように観光の対象としてではなく、単に日常生活の道具あるいは戦乱や宗教上の理由から生み出されたものも多く、観光客の観光対象となるに及んで観光資源のリストに入り、そのことが逆に文化財としての価値を発生（高め）させる結果となったものも少なくない。自然観光資源と異なって活用（観光）によって減耗したり、新しい器具の開発によって用途廃止のうえ廃棄処分されるものもある。また木造の建物、器具製品などは、自然災害や火災で失われることも多く、観光推進と保護・保全両面にわたる努力が観光資源としての、また文化財としての価値を維持するために求められる。

歴史文化観光資源が本格的にまとまって認知され、

また観光資源の体系に組入れられたのは明治初期の古社寺保存運動の頃からと考えられる。

歴史文化観光資源のあらましは次の通りである。

〔建造物〕神社、寺院、城郭（跡）、住居、官公庁舎、学校等多くの種類にわたる。経年が古く由緒のあるものは国が重要文化財に指定、保存義務が生じている（約４０００種が指定）。近年、昭和初期の建造物にも重文指定のものが出てくるようになった。また個々の建物のほか、地域の建物群全体を国が「重要伝統的建造物群」に指定してまちなみとして保存する制度が発足した。主要街道、宿場跡などにこの例があり、観光資源としても多くの観光客を集めている。なお建物を現状のまま使用しつつ保存する登録有形文化財の制度もある。

〔遺跡、史跡〕貝塚、古墳、城跡、住居跡等がそれで、指

表3-13　神社・寺院数

北海道	70	滋賀県	243
青森県	77	京都府	386
岩手県	120	大阪府	155
宮城県	275	兵庫県	249
秋田県	107	奈良県	244
山形県	246	和歌山県	199
福島県	273	鳥取県	91
茨城県	135	島根県	99
栃木県	156	岡山県	170
群馬県	107	広島県	148
埼玉県	142	山口県	132
千葉県	109	徳島県	92
東京都	301	香川県	140
神奈川県	173	愛媛県	138
新潟県	196	高知県	76
富山県	77	福岡県	152
石川県	91	佐賀県	109
福井県	107	長崎県	97
山梨県	100	熊本県	149
長野県	225	大分県	128
岐阜県	224	宮崎県	57
静岡県	287	鹿児島県	60
愛知県	242	沖縄県	17
三重県	149		
合計　7,320			

(注)（公社）日本観光振興協会「全国観光情報データベース」による

表3-14　博物館法による登録、指定博物館　美術館数

	博物館				美術館		動物園・植物園・水族館など
区分	総合	科学	歴史	野外	公立	その他	
館数	126	105	355	13	311	42	93
計	599				353		93
総計	1,045						

（注）文化庁資料による

定史跡、文化財として公的保護の対象になるものもある。それには観光資源としても価値の高いものも多い。城跡は国指定史跡として約300件が指定されているが、天守閣等には国宝（重要文化財）に指定されているものもある（国宝天守閣は犬山、松江、姫路、彦根、松本の5城のみ）。他の多くの城跡に建てられた天守閣等は近年の復元建造物がほとんどなので国宝になったものはない。

〔美術工芸品〕絵画、彫刻等の美術工芸品もその鑑賞を通じて観光資源としての役割を果たす。保管上美術館、博物館等で展示され、総合観光資源の一環を形成するものが多い。

〔その他〕無形歴史文化観光資源、伝統芸能、例えばおどり、まつり等、年中行事の数々も多くの観光客にとって重要な観光資源となる。そのような観光資源を生み出す無形の「技」そのものも成果物、行事、人間等に化体してふれることのできる場合、貴重な無形観光資源となる。

〔総合観光資源〕ひとつの観光対象に多くの観光資源がまとめて存在しており、観光客はそれらの所在箇所ごとに全体としてふれ、観光するものをい

松江城

う。具体例としては神社、寺院、博物館、美術館、庭園、テーマパーク等があげられる。いずれも同じところに多くの観光資源が集められている（寺社の場合、建物、庭園、仏像、仏具、神具が同じ寺社内にあり、総合観光資源と考えられる）。

なお、テーマパークは大型のもの（ディズニーランド、ＵＳＪなど）が各地に造成され、年間数千万人の入場者（観光客）を迎えるものもある。テーマを定め、演出方法を工夫し、建造物、展示物、庭園サービス施設をまとめて一体として造成してひとつのまちが出来あがっているような大規模なものもある。従って、総合観光資源の代表的なものといえよう。なおこれらが周囲の自然景観も取り込んで一体として観光対象となっている場合は複合観光資源となる。

(d) 観光（資源）からの効果

観光客が、観光対象から観光効果を得た場合、その対象がその観光客にとって観光資源となることは前述した。観光資源として認知される決め手となる「観光効果」（資源からの）には以下のようなものが考えられる。

〔視覚効果〕「観て楽しい」「観てよかった」等がそれである。この効果によって観光客は自らの観光への期待や欲求等を満たすことができる。

〔知覚効果〕人間の知的欲求に応える効果をいう。「観て勉強になった」「有意義な時間を過ごせた」などの感想がそれである。学習（学ぶ）観光へのニーズが近年高まりをみせ、学習観光（教育旅行がその典型的なもの）が各地で盛んになってきた。博物館、美術館の見学等の場合はこの効果が中心となる。

〔体感（体験）効果〕文字通り体（感）に訴える効果である。温泉入湯、自然公園観光等はこの効果が得られる観光の代表例といえよう。近年、学習観光と共に体験観光へのニーズも高まっている。登山、ウォーキング観光、作陶、農漁業体験を伴う観光への参加者が増加しつつある。

〔味覚効果〕「味」（食）もそれ自体が重要な観光資源となってきた。テーマパーク等の総合観光資源のなかでも「食」が大きい位置を占める。

〔聴覚効果〕無形（自然）観光資源のなかではとくに重要な観光効果となる場合が多い。雨音、滝の音、川のせせらぎ等がその例である。

このように観光資源から派生する観光効果によって観光客は満足感、充足感を得て観光目的を達することになる。観光客の観光対象への働きかけ（観光意思をもって）とそこから得る効果が観光客にもたらされる過程で、観光によるささやかではあるが地域文化の創成が観光客、観光地住民等との協働で結実していくのではないかと思われる。このような効果をできるだけ大きいものとすることが期待されるが、そのためには観光資源の組合わせ、情報の発信、観光地での接遇（もてなし）の良否、人的交流の多様化等がそのカギを握っている。観光の文化行動としての成否はこの効果の受け止め方（とくに対話の実現）等効果を高めるための観光地側での努力如何にもかかっているともいえよう。観光効果はその意味で観光を支える重要な精神的基礎となるのではなかろうか。

第4章

観光は"いま"

――観光の現状と課題――

表4-1　現・観光立国推進基本計画の主な目標と現況

項目		計画策定時	目標（2016年）	現況（2015年）
観光による国内消費の拡大	①国内における旅行消費額	22.5兆円（2009年）	30兆円	24.8兆円
国際観光の拡大・充実	②訪日外国人旅行者数	861万人（2010年）	1,800万人	1,974万人
	③国際会議の開催件数	741件（2010年）	5割以上増 アジア最大の開催国	634件 アジア3位※
	④日本人の海外旅行者数	1,664万人（2010年）	2,000万人	1,621万人
日本人の国内観光の拡大・充実	⑤国内宿泊観光旅行の年間平均宿泊数	2.09泊（2010年）	2.5泊	2.27泊

統計：①=観光庁「訪日外国人消費動向調査」／①⑤=観光庁「旅行・観光消費動向調査」／②=日本政府観光局（JNTO）／③UIA国際会議統計（※現在、観光庁が指標とするICCA国際会議開催統計では、2015年の開催件数で日本がアジア1位）／④法務省「出入国管理統計」
出典：観光経済新聞社資料による

日本は四面環海、複雑な地形から成る火山帯に属する変化に富んだ美しい国土をもつ。また、永い歴史を有する国ならではの歴史文化観光資源にも恵まれ、世界有数の観光国と多くの人は考えてきた。しかし、近年国際的な、とくにアジアを中心とした観光ブームが到来し、日本はそのなかで震災の影響もあり、観光国際競争力に弱点が目立ってきたこともあって、ここ10数年来、日本での外国人・日本人観光客はいずれも伸び悩みの状態が続いていた。しかし、東日本大震災の復旧も一段落した平成25年頃から外国人観光客が急増しはじめ、27年には対前年30％の伸びとなり、28年11月時点で２０００万人をこえ、国の２０２０年の目標値に達成する勢いとなった。これは外国為替市場における円安の影響が響いたものと思われる。しかし、国内観光客の90％を占める日本人観光客は依然低迷状態が続き、日本人の海外への観光客も円安の逆作用で減少傾向が続いており、この面では国の「観光立国基本計画」達成への努力も、「道なかば」の感を拭い難い現状にある。28年、国から示された「明日の日本を支える観光ビジョン」の新目標を念頭に、「観光立国」へのなお一層の前進が求められている現状にある。

以下、日本の観光の現状を振り返り、今後の観光推進への課題等を明らかにしていきたい。

（1）国内観光の“いま”

①訪日外国人の観光動向

平成27年における訪日外国人客数（入国管理統計による数値で観光客以外のビジネス、私事旅行のための入国者も含んでいるが、観光客のウェイトが高い（約70％以上と推定）と考えられるので、この数値を国でも訪日観光客数と推定している）は約１９７４万人（平成28年速報値では約２４０４万人となった）で、対前年30％の著増であった（図４－１）。その原因は、先述のように外国為替市場における円安（日本の観光物価が海外では割安となる）の効果、一部の国に対する入国ビザ発給要件の緩和、官民あげての外客誘致活動によるものである。

図4-1　訪日外国人客数推移

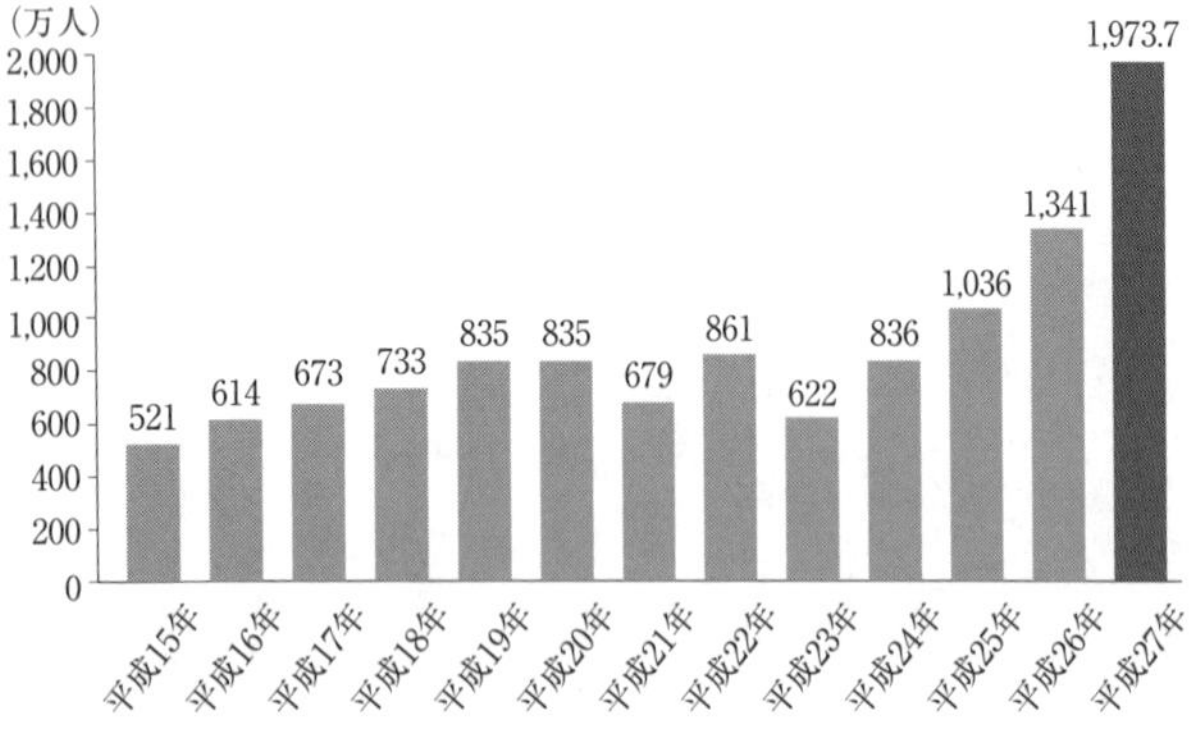

出典：日本政府観光局(JNTO)

しかし、国際比較をしてみると、訪日外国人客受入人数では、各国の統計の揃っている最新年の平成26年に（当時は日本への入国客1341万人）あっては世界22位、アジアで7位であった。アジアでも、人口が日本より少ない韓国への入国外国人客数以下であり、中国への入国客数と比べれば1／4にすぎなかった。他国の数値がまだまとまっていないので単純比較はできないが、仮に27年の日本への入国外国人客1974万人とした場合（他国は前年人数のまま比較）でも世界で16位、アジアで5位でしかないのである。訪日客を国別にみると、**図4－2**のように近隣諸国、地域が1位から4位（中国、韓国、台湾、香港）を占め、5位にアメリカが続く。欧米諸国の陸続きによる相互交流（観光）客数には及ぶべくもないのが現状である。

図4-2　訪日外国人旅行者及び割合（国・地域別）

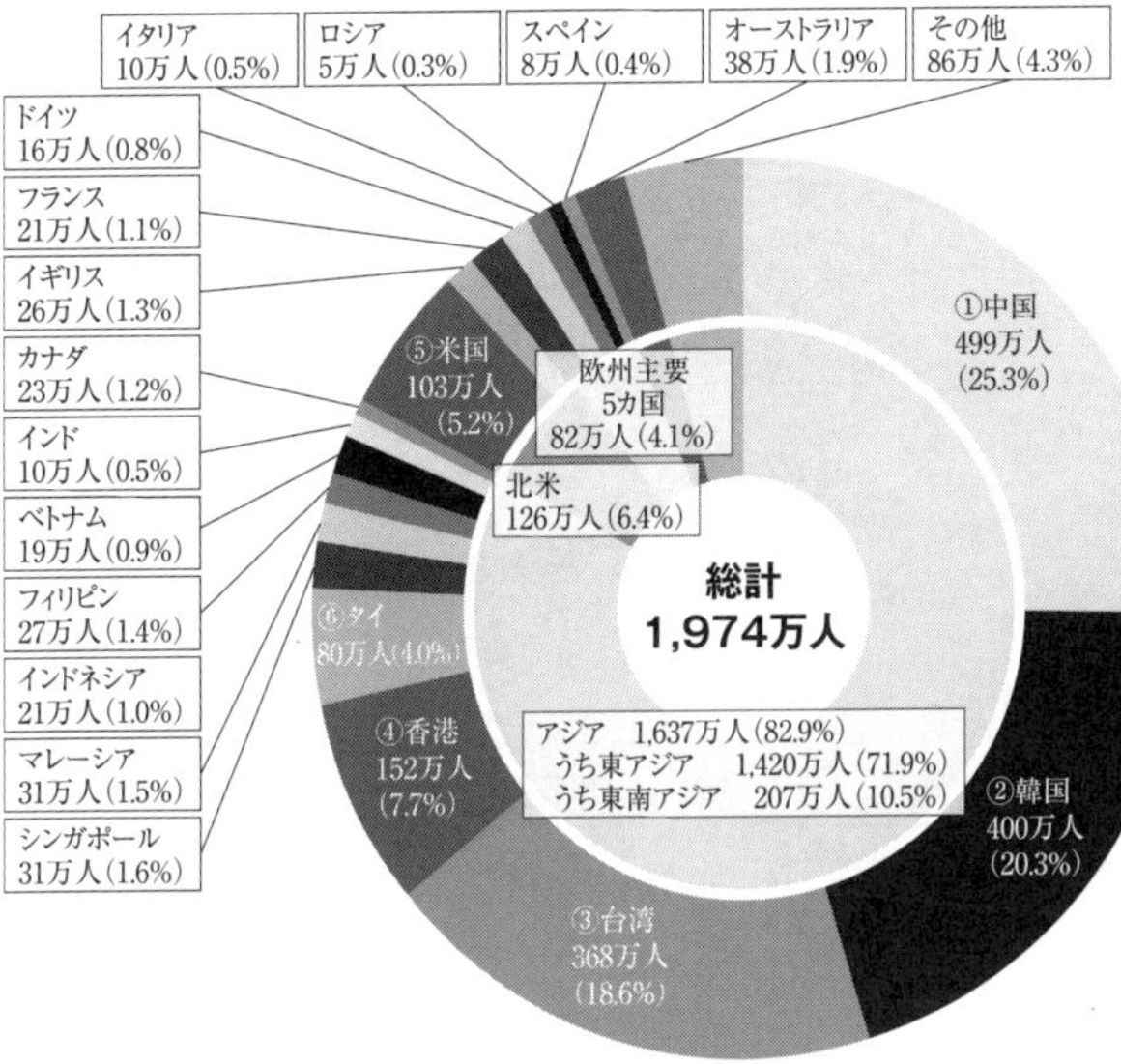

（注）観光庁（2015年（平成27年）推定値）資料による

ただ、外国人客はその性格上、宿泊客がほとんどで、27年6561万泊と、対前年46％の著増となった。とくに三大都市圏への宿泊数の39・2％増に比し、地方都市等への外国人宿泊数が60％増となる等、外国人の地方宿泊が三大都市圏を上回っていることに注目したい。これは三大都市圏の宿泊施設の需給が逼迫していることもあるが、地方の誘致努力が次第に結実し、地方空港発着のチャーター便などによる観光客の入国が増加していることによる（静岡・佐賀・三重・茨城・滋賀各県では2倍以上の伸びを示している）。

（参考）商工会議所による所在都市別観光客の動向

外国人観光客数　地域別推移（27年度/26年度）

外国人観光客数の前年比増

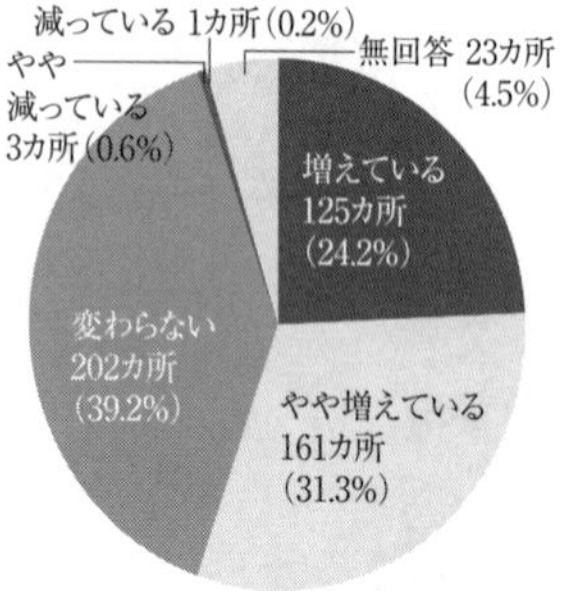

規模別分類

規　模	総　数	増えている やや増えている	
		カ所数	割合
A	10	10	100.0%
B	86	54	62.8%
C	101	64	63.4%
D	132	66	50.0%
E	186	92	49.5%
合　計	515	286	55.5%

（注）新幹線　北陸（27年3月）
　　　北海道（28年3月）
　　　日本商工会議所の資料による

地区ブロック別分類

ブロック	総　数	増えている やや増えている	
		カ所数	割合
北海道	42	28	66.7%
東北	45	17	37.8%
北陸信越	49	32	65.3%
関東	103	62	60.2%
東海	49	26	53.1%
関西	71	39	54.9%
中国	51	28	54.9%
四国	27	12	44.4%
九州・沖縄	78	42	53.8%
合　計	515	286	55.5%

観光庁　地域別推移（27年度/26年度）

観光客数の前年比増減

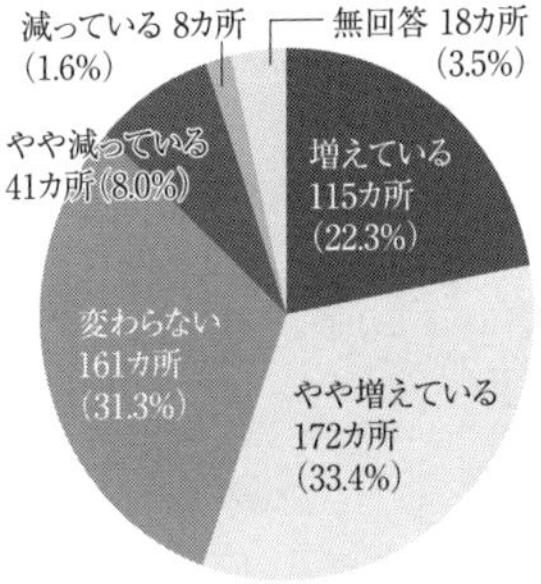

規模別分類

規　模	総　数	増えている やや増えている	
		カ所数	割合
A	10	10	100.0%
B	86	55	64.0%
C	101	61	60.4%
D	132	63	47.7%
E	186	98	52.7%
合　計	515	287	55.7%

地区ブロック別分類

ブロック	総　数	増えている やや増えている	
		カ所数	割合
北海道	42	24	57.1%
東　北	45	20	44.4%
北陸信越	49	33	67.3%
関　東	103	60	58.3%
東　海	49	29	59.2%
関　西	71	41	57.7%
中　国	51	25	49.0%
四　国	27	11	40.7%
九州・沖縄	78	44	56.4%
合　計	515	287	55.7%

(注) 日本商工会議所の資料による

(注)

区分	所在都市人口
A	100万人以上
B	20～100万人
C	10～20万人
D	5～10万人
E	5万人未満

ブロック名	都道府県名	所在商工会議所数
北海道	北海道	42 (8.2%)
東　北	青森、岩手、宮城、秋田、山形、福島	45 (8.7%)
北陸信越	新潟、富山、石川、長野	49 (9.5%)
関　東	茨城、栃木、群馬、埼玉、千葉、東京、神奈川、山梨、静岡	103 (20.0%)
東　海	岐阜、愛知、三重	49 (9.5%)
関　西	福井、滋賀、京都、大阪、兵庫、奈良、和歌山	71 (13.8%)
中　国	鳥取、島根、岡山、広島、山口	51 (9.9%)
四　国	徳島、香川、愛媛、高知	27 (5.2%)
九州・沖縄	福岡、佐賀、長崎、熊本、大分、宮崎、鹿児島、沖縄	78 (15.1%)
合　計		515 (100.0%)

外国人観光客は、近年「爆買い」といわれるように買物客が目立っている。勿論、買物も大きい観光行動であるが、その額がとくに目立つのはやはり円安によるものと思われ、今後の為替相場の推移が気になるところである。

このように外国人観光客はその人数、宿泊数等、いずれの数値も大きく伸びており、日本観光全体の重要なけん引車としての役割を果たすまでになった。また、日本人の海外への渡航者数との比較がかつて約3対1であったアンバランスも解消して、わずかながら入国客のほうが海外への渡航者を上回るほぼ同水準となり、従来の国際一方交流から相互国際交流を実現することができた。

②日本人の国内観光動向

上述の外国人観光客の著増に比べ、全体の国内観光客の9割を占める日本人の国内観光は、依然として低迷状態を続けている。消費税値上げによる影響の一巡で、平成27年には一部指標に伸びが見られるものの、全体としての低調から脱しきれていない。

日本人観光客総数は、外国人客の入国統計のような正確な人数把握が依然困難な状況にある。国が一定の基準（推計法も含めて）を示して統一統計の集計への努力を続けているものの、最新の観光庁発表の統計（観光入込客数）でも合計数値が明らかでない（標準統計に参加しない府県や未集計の県が依然として存在する）。

従って、日本人観光客の動向は、国内宿泊旅行参加率や旅行消費額推移から推定するほかない現状である。それによると、多くの指標で横ばい状態にある（年間宿泊数推移は２・19泊を示しており、微減である）。

日本人観光客が日本国内観光の約９割を占める状態は変わらず、今後の観光振興は外国人観光客、日本人観光客の増加を「車の両輪」として、同じ重要度をもつものとして推進する必要がある。

③観光の“かたち“が変わる

近年、観光の形態が急速に変わってきた。日本の観光は戦後の復活の過程から、団体、それも大型団体による観光が中心となって発展してきた。その典型的な例は、まずほとんどの小中高校で行われる修学旅行である。さらに、職場単位の親睦慰安旅行、企業の得意先招待旅行、さらには旅行会社の募集する団体ツアー等がそれである。従って、観光地の受入側でも大型団体を円滑に受け入れるため旅館、ホテルの大型化が進み、提供するサービスも画一的かつ効率的なサービス方式が中心となった。地方の温泉場や主な観光地には旅館等の大型ビルが林立する状態となっ

図4-3　宿泊観光旅行の同行者（15歳以上）

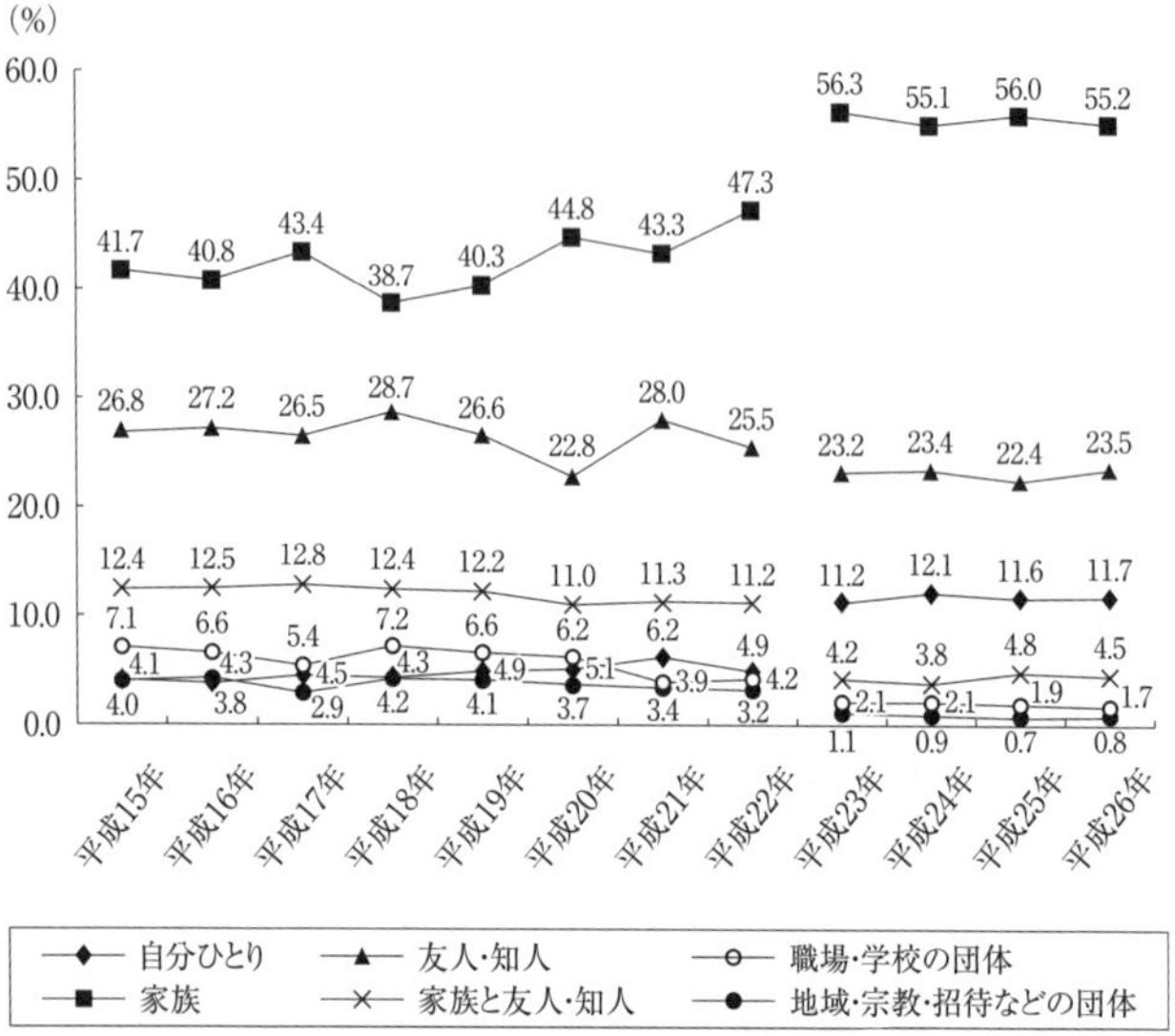

（公社）日本観光振興協会「観光の実態と志向（第34回）」2016（平成28）年3月資料による

たのは、このような団体対応の必要からでもあった。

しかし、近年、図4－3の示すように、この傾向が変化し、大型団体から小グループ・家族観光が中心になり、なかにはひとり旅を楽しむ人も増えるようになった。原因としては、情報の発受信方法の変化があると思われる。従来、観光情報は主としてガイドブックや旅行会社の窓口等から得るのが普通であった。このため、観光情報は誰もが同じような情報をもとにして行動していたため、必然的に団体行動中心の観光になったものと思われる。また、全体としての情報量不足のためか、観光（旅行）企画を自ら立てず、専門の旅行会社のアドバイスに依存した。その結果として、旅行会社等の企画する、いわば既製品ともいうべき観光ツアーに参加するという手軽な観光で満足するようになった。いわば観光急発展期の現象として、団体旅行参加がもっとも手っ取り早く観光に参加できる方法だったからと考えられる。

しかし、ＩＴ機器や情報システムの急速な普及発達により、人々は居ながらにして自ら多くの観光情報を自由に検索できるようになった。このため、旅行（観光）情報は各人がアクセスして得る情報が中心となり、そこから選ばれる観光目的地や観光手法も、それぞれの得た情報によって各人の好みに応じた観光を選ぶようになり、また、観光の企画も自らの得た情報をもとに自らつくることが多くなってきた。このため、大勢が同じ目的で同じところに行を共にする団体旅行は、急速に小グループ・個人旅行中心に変わってきたのである。

団体旅行の中心ともいうべき学校の修学旅行でさえも、集団訓練という教育上の視点からと、鉄道会社が新幹線の料金割引を指定列車の団体利用にしか適用しないこともあって、目的地への往復と宿泊は団体行動をとるが、目的地では分散学習と称して４～５人の小グループにわかれ、それもコース等は全部グループごとに異なるものを生徒たちで選ぶ方式に急速に変わりつつあり、ここでも団体の解体が進んでいる。

従って、受入側でも従来の画一型の対応から顧客の個々のニーズにキメ細かく対応する必要が生じ、接遇方法の抜本的見直しにせまられている。そして、このような観光客の受入体制の切り換えに乗り遅れた宿泊業、飲食業などが撤退を余儀なくされることも少なくない。観光形態の変化が観光産業改革への大きい動機ともなった。

④観光のニーズが変わる

観光客はどのような観光がしたいのか、どのような接遇を期待するのかという観光ニーズも、近年大きく変化してきた。この現象は情報の多様化と、観光客伸び悩みでややマンネリ傾向になった国内観光から、何か新しいものを得たいとする観光客の志向の反映でもある。

観光客のニーズは、古来、地域の「光」を文字通り「観（見）る」ことに中心があった。観光もそのような志向を端的に反映した、いわゆる「物見遊山」と世上いわれるような「見物観光」を主目的とした。そして、日本人観光の原点ともなった神仏詣ないしは温泉入湯等を内容とするものが依然多数を占めた。近年、情報の多様化によって、また「物見遊山」もたびたびの国内観光ブームによって多くの人々に一巡して、いわばマンネリ観光となりあきがくるようになった。このため観光ニーズに大きい変化があらわれ始めたのである。新しい観光のニーズは従来の「見

図4-4　希望する観光調査

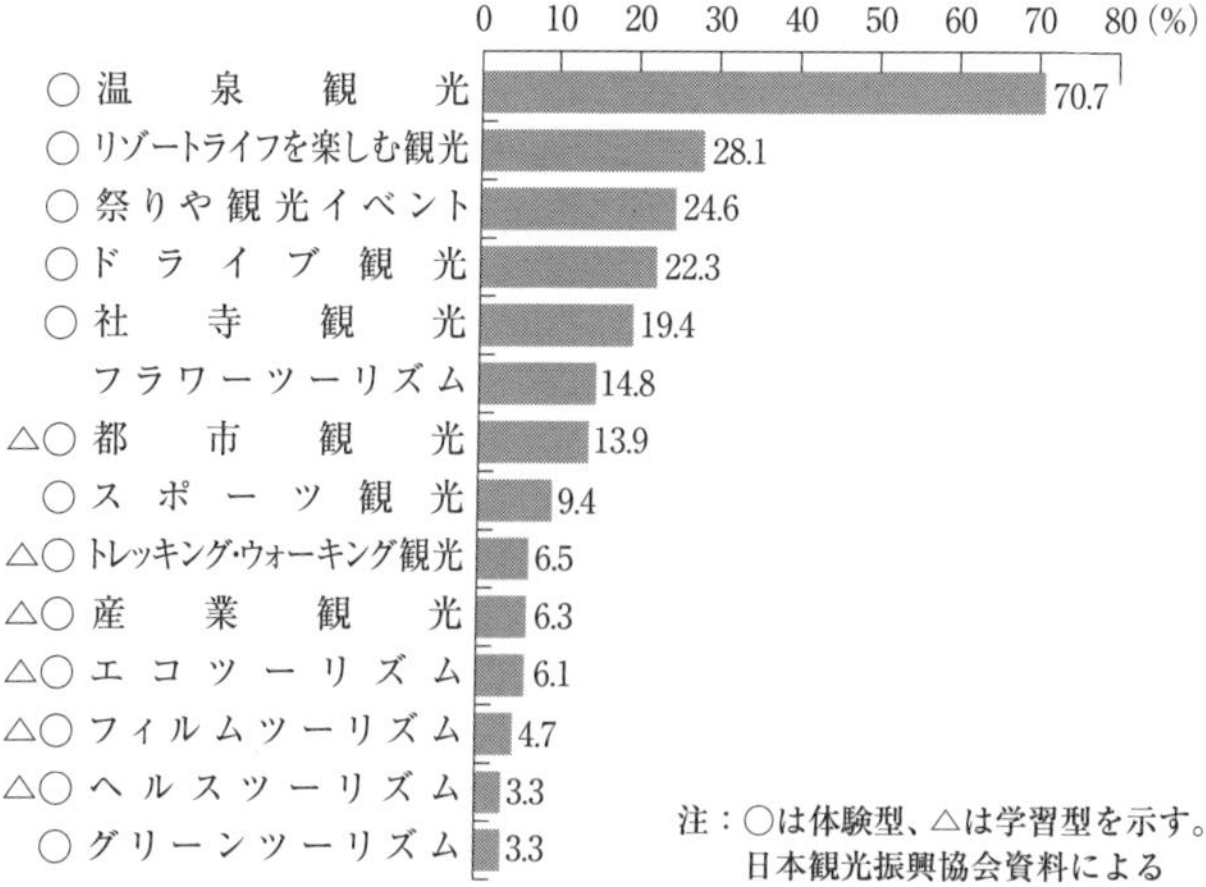

注：○は体験型、△は学習型を示す。
日本観光振興協会資料による

物型」から「行動型」観光への変化であり、具体的には「見物観光」から「体験観光」「学習観光」への変化であった。即ち、観光地で何かをやってみたいという行動願望の高まりから、さらに極力自らにとって付加価値の高いものとするため、「体験観光」と「学習観光」へのニーズが大きくなってきたのである。

観光地での受入側にとっても、このようなニーズに応える観光メニューの用意にせまられることとなった。例えば、観光地にかかわる文化講座を開いた（出発前に出発地で開くもの、観光地で対象を前に開くもの等）ところ、聴講希望者が殺到した。また、観光地での説明（ガイド）等へのニーズが高まり、観光地ではその対応に苦心していると聞く。国も通訳案内業への難関とされる資格試験合格条件を緩和して、地域限定のガイド有資格者を増やすほか、ボランティアガイドを育成する等の対応に、観光地と共に取組みを始めた。

⑤観光（対象）地域も変わる

従来の観光は「物見遊山・温泉」型であったから、景勝地、温泉場、有名社寺等の所在地がその中心であった。しかし、個人がそれぞれの志向で観光する傾向が出てきたことから、行動型観光への観光ニーズが高まってきた。このため観光（対象）地にも変化が生じている。

一方、一部の国からの外国人観光客は、（団体のみならず個人も）いわゆるゴールデンコースといわれる地域に集中する現象が目立ってきた。彼らの観光目的の重点は行動型のショッピングであったから、それに便利な、また海外でもよく知られた東京・京都・大阪（富士山を含む）をめぐるコースへ集中してきたのである。このため、コース内の観光需要とそれ以外の地域との間に観光客入込み数に較差が生じ、宿泊施設の需給逼迫、交通混雑等が観光客集中地域で発生している。これは主に発地国への日本からの観光情報の偏りによるものとも思われるので、着地国である日本から適確かつ強力な情報発信にせまられている。

一方、日本人の観光についても、前記の外国人ゴールデンコースからの影響もあって、二大都市圏の都市内観光へのニーズが高まっており、観光客の大都市圏への集中傾向が目立ってきた。

図4-5　訪日外国人の訪日動機ベスト10

(%)

	1位	2位	3位	4位	5位	6位	7位	8位	9位	10位	
全体	日本人の生活の見聞・体験 25.6	日本食 22.4	買物 19.6	日本への憧れ(夢・好奇心) 14.5	自然・景観地 14.2	歴史・町並み・建造物 13.5	日本の近代・ハイテク 13.1	リラックス・温泉 12.6	伝統文化の見聞・体験 11.4	産業観光 5.8	
韓国	日本人の生活の見聞・体験 24.1	日本への憧れ(夢・好奇心) 22.9	日本食 20.4	リラックス・温泉 20.1	買物 15.0	歴史・町並み・建造物 12.2	日本の近代・ハイテク 11.6	伝統文化の見聞・体験 11.0	産業観光 8.7	自然・景観地 6.7	
台湾	自然・景観地 33.5	買物 32.6	リラックス・温泉 25.7	日本人の生活の見聞・体験 22.4	日本食 17.4	日本への憧れ(夢・好奇心) 13.9	日本の近代・ハイテク 13.8	伝統文化の見聞・体験 11.3	歴史・町並み・建造物 10.7	テーマパーク 5.8	11位(産業観光5.6)
中国	日本の近代・ハイテク 27.0	自然・景観地 16.2	日本人の生活の見聞・体験 15.7	買物 11.7	日本への憧れ(夢・好奇心) 10.1	産業観光 9.9	リラックス・温泉 9.4	日本食 8.9	伝統文化の見聞・体験 8.5	歴史・町並み・建造物 8.5	
香港	買物 55.9	日本食 41.6	リラックス・温泉 28.6	日本人の生活の見聞・体験 21.0	自然・景観地 17.2	日本への憧れ(夢・好奇心) 13.0	日本の近代・ハイテク 10.1	伝統文化の見聞・体験 7.6	歴史・町並み・建造物 7.1	テーマパーク 7.1	14位(産業観光2.1)
米国	日本人の生活の見聞・体験 30.4	日本食 26.3	歴史・町並み・建造物 19.3	買物 13.0	伝統文化の見聞・体験 12.3	日本への憧れ(夢・好奇心) 11.6	自然・景観地 10.8	日本の近代・ハイテク 8.8	博物館・美術館 4.6	リラックス・温泉 4.1	12位(産業観光3.2)

(注)「JNTO訪日外国人旅行者調査2003－2004」により社会経済生産性本部作成の資料による

※調査項目は、日本への憧れ(夢・好奇心)、買物、日本人の生活の見聞・体験、日本食、伝統文化の見聞・体験、歴史・町並み・建造物、日本の近代・ハイテク、産業観光、日本語学習、祭り・イベント、避暑・避寒、リラックス・温泉、博物館・美術館、趣味・関心事、自然・景観地、映画・ドラマ等、スキー、ゴルフ、他のスポーツ、テーマパーク、その他・不詳の21項目

※「その他・不詳」については、上位10位にカウントしていない

また、近年相次いだ新幹線の開業（北陸、北海道、九州等）によって、沿線各地では一時的な観光ブームが起こった。これも観光情報の量、質の変化による。このような観光の地域偏在が目立つようになってきた。

国全体としての観光効果を高めるためにも、観光の地域偏向には問題があり、観光需要の平準化のため、広域にわたる分散観光にしていくことが求められている。

なお、新幹線の開業は上記のような特定地域の集中効果をも

図4-6　外国人旅行消費額の推移

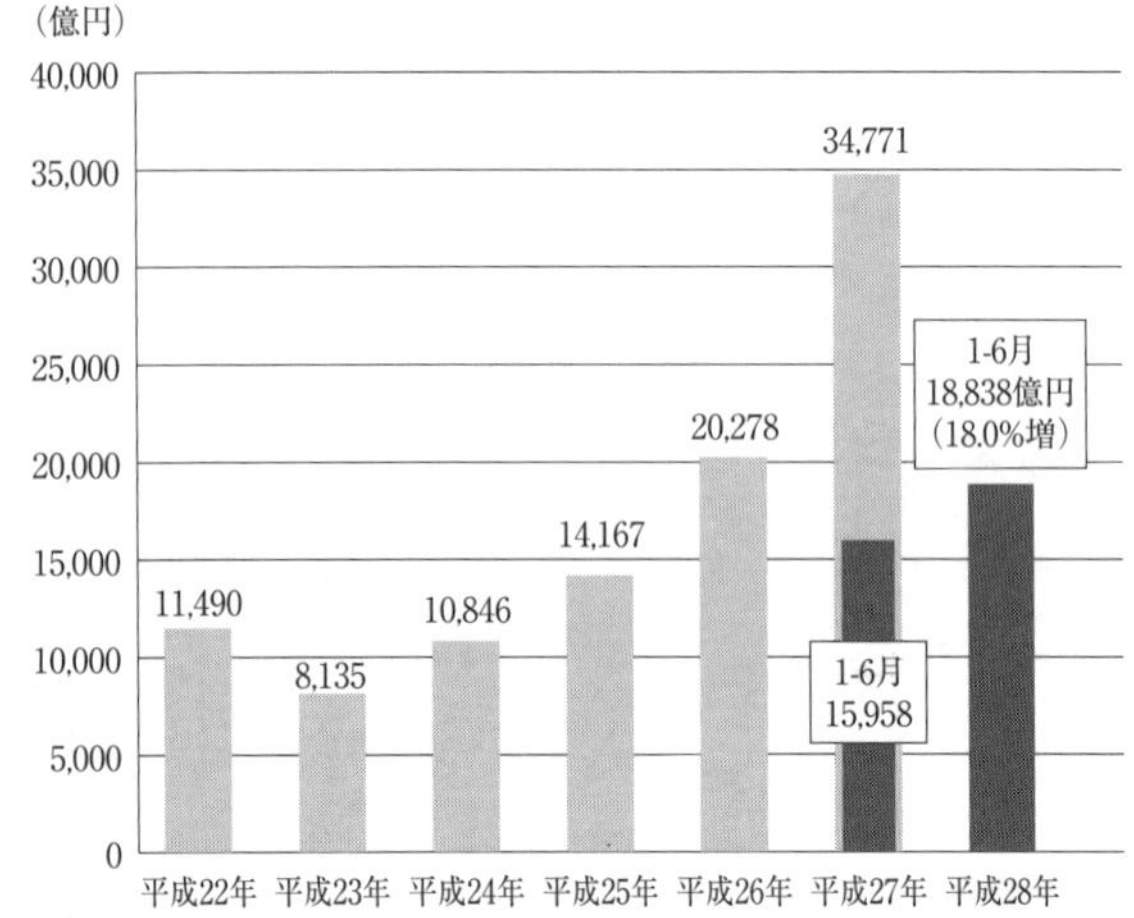

図4-7　外国人延べ宿泊者数推移

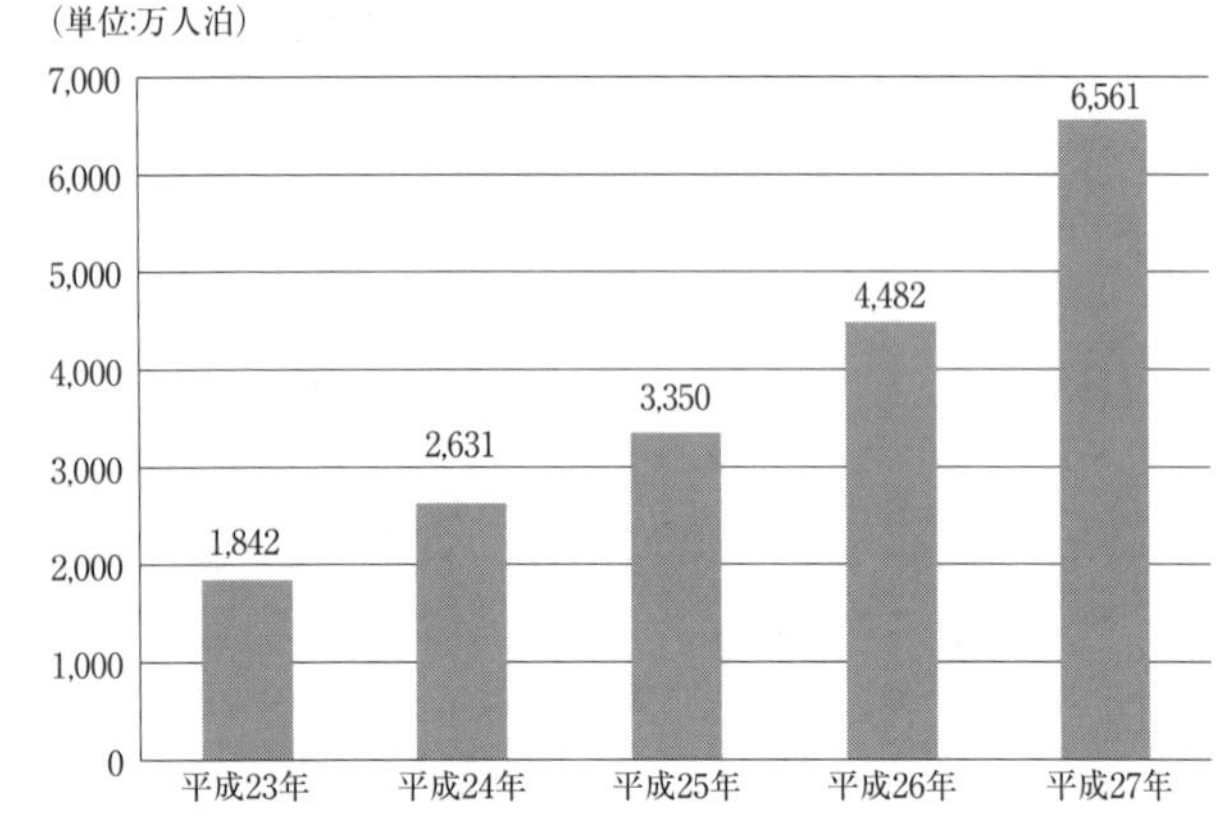

（注）観光庁資料による

たらしたが、これを利用して観光客の行動範囲がひろがる現象がみられるようになった。この傾向はスピードアップのため、一方で泊数の減少等のマイナス効果をもたらす点も指摘されるに至っている等、その影響は複雑なものとなっている。

このように、今、日本の観光のかたちは、情報革命と交通革命の二つの影響を受けて大きく変わろうとしている。この時にあたり、適確かつ豊富な観光情報の内外への発信に努めること、観光をその経済効果に結びつける観光産業の経営見直し等による受入体制強化に努め、この革命を観光の増進をはかる前向きの観光革命に結びつける努力の必要が痛感されるところである。

⑥観光の経済効果がひろがる

外国人観光客による旅行（観光）消費額は、27年には対前年71%増の3・4兆円に達している。これによって、長年続いてきた観光にかかわる国際収支の赤字は解消、逆に1兆円余の黒字を計上する大きい経済効果をもたらした（3・4兆円は日本の貿易収支に大きい影響をもたらす自動車部

表4-2
旅行の国際収支推移

年	旅行収支(億円)
平成8年	▲35,880
平成9年	▲34,651
平成10年	▲32,739
平成11年	▲33,287
平成12年	▲30,730
平成13年	▲28,168
平成14年	▲28,879
平成15年	▲23,190
平成16年	▲29,189
平成17年	▲27,659
平成18年	▲21,409
平成19年	▲20,199
平成20年	▲17,631
平成21年	▲13,886
平成22年	▲12,875
平成23年	▲12,963
平成24年	▲10,617
平成25年	▲6,545
平成26年	▲444
平成27年	10,905

出典：財務省国際収支統計

表4-3　旅行消費額の推移について　（単位：兆円）

	平成22年	平成23年	平成24年	平成25年	平成26年	平成27年
日本人国内宿泊旅行	15.4	14.8	15.0	15.4	13.9	15.8
日本人国内日帰り旅行	5.1	5.0	4.4	4.8	4.5	4.6
日本人海外旅行（国内分）	1.1	1.2	1.3	1.2	1.1	1.0
訪日外国人旅行	1.1	0.8	1.1	1.4	2.0	3.5
合　計	22.7	21.8	21.8	22.8	21.6	24.8

（注）観光庁資料による

品の輸出総額に近いレベルのもの）（**表4－2**）。しかも、外国人旅行消費額は、５カ年間の期間（22年～27年）では約3倍の伸びを示している。一方、日本人の観光消費額は伸び悩みとなっているが、依然その比重は大きく、観光行動による消費額は約21兆円に達する。

平成27年における観光の経済効果をまとめると、国内旅行消費額は**表4－3**のように、総額24・8兆円のうち日本人国内宿泊旅行（観光）によるもの15・8兆円（63・6％）、日本人国内日帰り旅行（観光）4・6兆円（18・5％）、訪日外国人旅行3・5兆円（14％）、日本人海外渡航（国内消費分のみ）1兆円（3・9％）となり、依然として日本人国内観光の比重が高いが、少しずつ外国人客によるものの比重が高まり、構造に変化がみられるようになった。

さらに、観光はその消費額が大きいゆえに、国内産業に大きい波及効果をもたらしている。間接効果も含めた、平成26年の生産波及効果は総額46・7兆円に及び、自動車の国内生産総額に迫る勢いである（観光の経済効果約50兆円といわれるのは、この数値をいう）。しかも、**表4－4**のよ

表4-4　旅行・観光消費の生産波及効果（2014年）

（単位：10億円）

2014年　日本国内における旅行・観光消費の生産波及効果 46.7兆円

交通・宿泊・飲食等 15.8兆円	
鉄道旅客輸送	2,875
道路旅客輸送	656
水運	197
航空輸送	2,351
旅行・その他の運輸付帯サービス	1,880
貸自動車業	327
スポーツ施設提供業・公園・遊園地	507
その他娯楽	294
飲食店	2,925
宿泊業	3,755

左記以外 30.9兆円			
耕種農業	530	水道・廃棄物処理	493
その他農業・林業	331	卸売	2,683
漁業	226	小売	2,140
鉱業	72	金融・保険	2,090
農産食料品	422	不動産仲介・住宅賃貸料	731
水産食料品	257	住宅賃貸料（帰属家賃）	1,393
菓子類	868	鉄道貨物輸送	9
その他食料品	2,066	道路貨物輸送	633
繊維製品	410	道路輸送施設提供	141
パルプ・紙・木製品	510	その他運輸付帯サービス	488
化学製品	784	その他運輸	120
石油・石炭製品	1,685	通信・放送	779
履物・皮革製品	115	新聞・出版	247
窯業・土石製品	139	その他情報通信	596
鉄鋼	259	公務	72
非鉄金属	88	社会教育	189
金属製品	208	その他教育・研究	454
一般機械	124	医療・保健・社会保障・介護	303
電気機械	126	その他の公共サービス	169
情報・通信機器	213	物品賃貸業（除貸自動車業）	585
電子部品	150	その他対事業所サービス	2,406
輸送機械	991	理容業・美容業	268
精密機械	95	写真業	41
その他製造工業製品	904	その他対個人サービス	659
建設	434	事務用品	85
電力・ガス・熱供給	927	分類不明	197

（注）旅行・観光産業の経済効果に関する調査研究による（観光庁、2016年3月）

うに、その波及範囲は多くの産業分野に及ぶ。まさにすべての産業は観光関連産業といっても過言ではない。「観光立国」が国の経済成長戦略のなかでとりあげられたことも、このような観光の経済波及効果に着目したからと考えられる。いまや観光は、名実共に日本の基幹産業としての役割を果たすことになったのである。

(2) 日本(国内)観光の課題

前述のような国内観光の現状からみて、そこに今後の観光への多くの課題が提起されている。日本における外国人による観光の共通の課題には、次のようなものがある。

①観光への正しい理解と住民の参加

観光は、地域の「光」を心をこめて観、かつ学ぶこと、また地域の「光」を心をこめて観《しめ》すことがその使命である。しかし、前述のように今なお観光への正しい理解が充分浸透せず、このことが観光客の増加、観光客受入体制整備にカゲを落としている。

まず、観光に対する正しい理解(観光は文化・経済行動)を国民全体がもつこと、また、「観光」は、重要な経済活動と文化活動に参加するという心構えで、観光に参加する必要がある。もっとも、国が「観光立国」の名のもとに国策として観光振興をとりあげたため、少しずつ観光に対する認識も変わってはきている。一日も早く観光を正しい理解のもとに、全国民が参加する力強い国民運動にまで高めたいものと思う。

②観光情報への反省

情報は観光の血液だといわれる。情報がなければ人の観光意思は形成されないといっても過言ではない。適確な情報、量的、質的に充実した情報の適時適切な提供が強く求められている。

最近、相次いで大災害が発生し、そのつど観光客の大幅な減少を招いた。この原因の多くは正確な観光にかかわる情報不足にある。とくにかなり多くの部分はいわゆる「風評被害」というマイナス情報によるものと考えられる。即ち、災害の被害情報が無責任な情報（風評）によってひろがり、広範囲にわたり観光客の減少を招いた事例が目立った。東日本大震災、阪神・淡路大震災、能登半島地震、平成28年発災の熊本地震等では、とくに顕著にその影響があらわれた。このようなマイナス情報をなくすには、正確な情報をすみやかに、また、広範囲に発信することが必要である。

観光情報には、静的情報のほかに、動的情報（観光地の気象、災害のおそれの有無、交通規制

表4-5　観光に関する意識調査（三菱総合研究所　NTTレゾナント調査）

今後行ってみたい国内旅行スタイルは？（複数回答）

順位	解　　答	%
①	温泉やクア施設などでゆっくりと癒やしを求める観光旅行	93.7
②	海、山、湖沼、渓谷などを見て回る自然観光	89.2
③	地域の食材を使った料理を食べるグルメ旅行	88.6
④	世界遺産に登録されているような大自然を見に行く旅行	84.7
⑤	神社仏閣や歴史的建造物や街並みを見て回る歴史文化観光	80.5
⑥	地域の産業遺跡や酒造、ビール工場などを訪問する産業観光	66.6
⑦	コンサートや観劇、プロスポーツ観戦を目的とする都市観光	66.3
⑧	ゴルフ、スキー、テニス、ヨットなどスポーツを目的とする旅行	58.1
⑨	美容や健康維持のためのエステ目的の旅行	51.9
⑩	地域の農家に宿泊し、ゆっくり農村生活を体験するグリーンツーリズム	39.5
⑪	ギャンブル・カジノ（合法）を目的とした観光旅行	24.2

（注）FUJI SANKEI BUSINESSによる

情報など）がとくに重要である。この場合、情報提供システム（提供者、発信者、伝達方式、受信体制）が平素から確立整備されることが、近年の事例にてらして緊急の課題であると思われる。また、静的情報についても、ホームページ、情報サイトの開設等、流通情報量が増えてきたが、その発信・受信・検索方法等が周知されなければ活用できない。情報化時代がかえって情報の混乱を招くような事態は、何としても避けなければならない。

③観光競争力の強化

近年の国内観光（とくに日本人による）の伸び悩み傾向は、日本の観光が競争力を失いつつあるためではないかと心配である。日本は豊富な観光資源をもつ観光大国だったはずである。しかし、観光資源には限りがあるので、持続的観光として観光客を絶えず確保するためには、リピーター（同じところを反復して訪れる）に頼らなければならない。外国人観光客についても同様である（国の外国人旅行客誘致目標にはリピーター数も掲げられ、２０２０年２４００万人という目標となっている）。一方、日本人観光客が伸び悩みになるのはリピーター（観光客）が少ないことによる。この原因は、観光が消費市場で他のアミューズメントや商品等とはげしい競争にさらされ、そこでの観光の競争力が減退しているからと考えざるを得ない。

観光にかかわる競争は、まず観光地相互間で激化した。また格安航空会社の出現等で海外渡航が廉価で可能になったこと、また海外観光地からの情報発信が強力なこともあって、海外観光地と国内観光地との間にも競争が発生し、国内観光地が守勢にまわる現象が生じた。さらに他のアミューズメントとの間の競争も激化している。国内の観光地は今こそ観光ブランドや観光資源を磨きあげ、正確な情報発信を強力に行うと共に、受入体制を強化することが、観光競争力強化の緊急の課題といえよう。

また、観光の魅力の維持、拡充と共に付加価値の高い観光を「廉価」で提供するため、観光産業の経営改革も当面の大きい課題となってきている。

④観光のひろがり

図4－2のように、日本を訪れる外国人客は近隣諸国が圧倒的に多い。しかし、相手国の国情の変化（景気問題など）を考えると、できるだけ来訪国の幅をひろげ、欧米等も含む世界各地から満遍なく集客することが必要である。

また、国内観光では、観光客の行動範囲が交通機関の発達により急速にひろがっているので、従来の行政区画単位の小単位観光を、各地の連携協働によって広域観光にひろげることが緊急課題となってきた（広域観光については第8章で詳述する）。

第5章

観光立国を〝めざして〟

——「新しい観光」の提案——

21世紀は、交流の世紀といわれる。また、東アジアではこの時期、観光革命期ともいうべき大きい観光の変革期が訪れ、観光が急激に活発化すると予想されている。この時にあたり「観光」のもつ機能（役割）、即ち「文化的行動」であること、また重要な「経済行動」であることがあらためて認識され、その効果の大きさにかんがみ、国も観光を経済成長戦略の柱に掲げ、官民をあげてその推進をはかることとしている。「観光立国推進基本法」の制定、「観光立国推進基本計画」の策定がそれである。

「観光立国推進基本計画」では、まず外国人観光客誘致目標（平成22年1000万人）、同年間目標泊数（4泊以上）、観光消費額（30兆円）等の具体的な目標数値を掲げた。そのうえで、①国際競争力の高い魅力ある観光地の形成、②観光産業の充実と国際競争力強化、③観光推進のための基盤強化等の観光環境整備への具体的方針を示している。目標客数は2020年東京オリンピックの開催決定を受けて平成27年に改訂され、外国人客誘致目標は当初の32年2000万人から32（2020）年4000万人と、さらに高みをめざすこととなった。これに関連して、28年には「明日の日本を支える観光ビジョン」を国が策定、今後の観光推進への新しい指針を示した（詳細コラム）。

コラム

「明日の日本を支える観光ビジョン」

政府は平成28年3月標記の「観光ビジョン」を策定、公表した。今後の観光推進にかかわる国としての姿勢を示すと共に目標数値も更新し、国をあげてより高みに向かって前進する「観光立国」実現への強い決意を示したものといえよう。

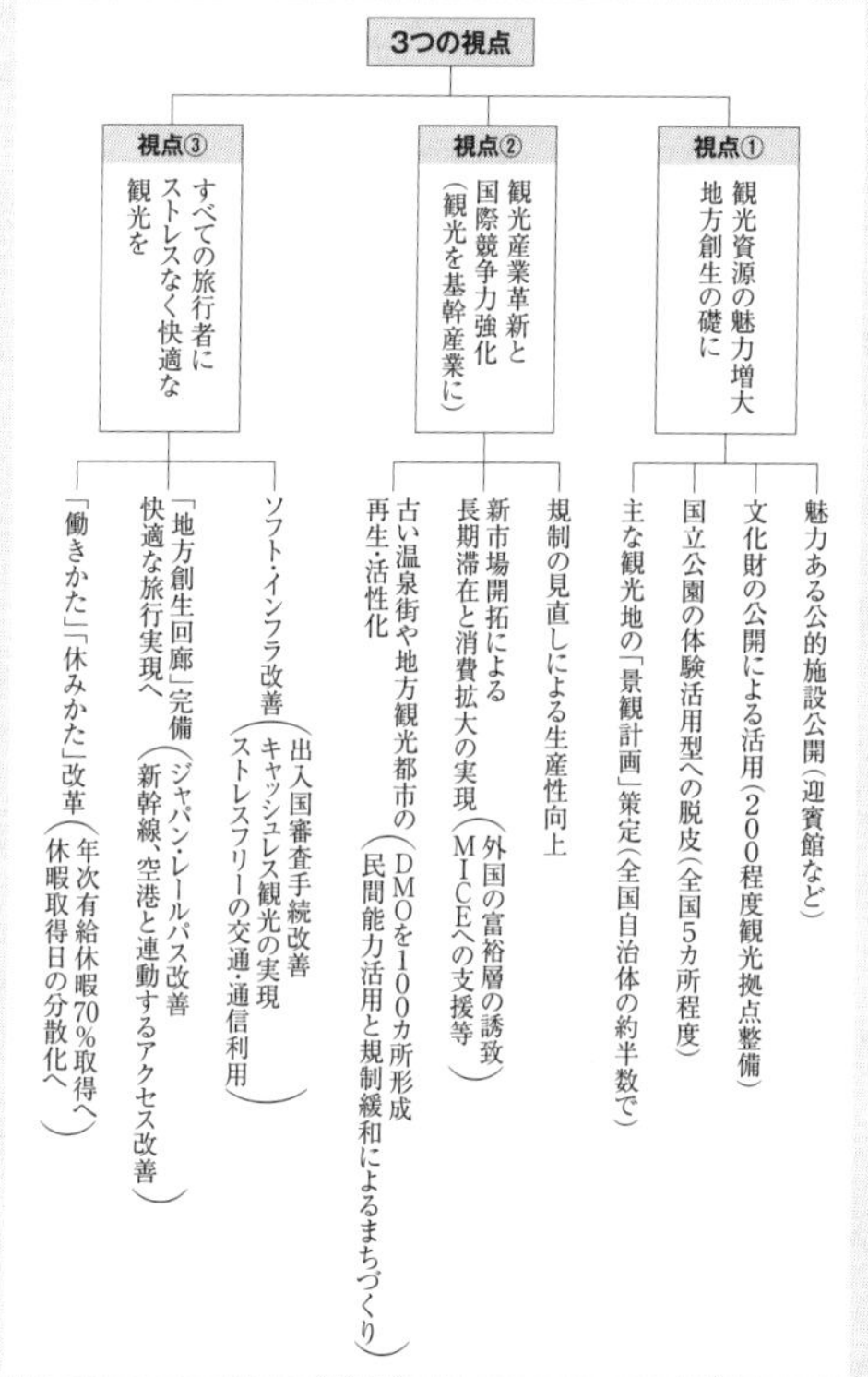
3つの視点
視点①
観光資源の魅力増大
地方創生の礎に
魅力ある公的施設公開（迎賓館など）
文化財の公開による活用（200程度観光拠点整備）
国立公園の体験活用型への脱皮（全国5カ所程度）
主な観光地の「景観計画」策定（全国自治体の約半数で）
視点②
観光産業革新と
国際競争力強化
（観光を基幹産業に）
規制の見直しによる生産性向上
新市場開拓による
長期滞在と消費拡大の実現（外国の富裕層の誘致
MICEへの支援等）
古い温泉街や地方観光都市の（DMOを100カ所形成
民間能力活用と規制緩和によるまちづくり）
再生・活性化
視点③
すべての旅行者に
ストレスなく快適な
観光を
ソフト・インフラ改善（出入国審査手続改善
キャッシュレス観光の実現
ストレスフリーの交通・通信利用）
「地方創生回廊」完備
快適な旅行実現へ（ジャパン・レールパス改善
新幹線、空港と連動するアクセス改善）
「働きかた」「休みかた」改革（年次有給休暇70％取得へ
休暇取得日の分散化へ）

訪日外国人旅行客数も2000万人の目標が予想より早く、平成28年には達成された。そこで新目標が求められていたことと、東京オリンピック開催（2020年）が決定したこと、人口減少傾向が進むなか交流人口の増加によって地域社会の維持・向上を期すること等が急務となってきた。

これらの観光環境の変化が新ビジョン策定の動機で

新しい観光目標数値

項目	2020年	2030年
訪日外国人旅行者数	4,000万人 （×2）	6,000万人 （×3）
訪日外国人旅行消費額	8兆円 （×2）	15兆円 （×4）
地方都市での 外国人延べ宿泊者数	7,000万人泊 （×3）	1億3,000万人泊 （×5）
外国人リピーター数	2,400万人 （×2）	3,600万人 （×3）
日本人国内旅行消費額	21兆円 （最近5年間平均＋5%）	22兆円 （最近5年間平均＋10%）

（注）（×）は2015年の倍率を示す（×2＝2倍）（＋）は増加割合（%）を示す
「明日の日本を支える観光ビジョン」（2016年作成）による

ある。即ち新しい目標のもとに新しい施策を結集して、「観光立国」運動〝第2ステージ〟ともいうべき新しいビジョンがとりまとめられたものである。

ビジョンの内容はまずこれまでの経過の反省から、①日本のもつ豊かな観光資源をさらに磨きかつ活かすこと、②観光で地域の雇用創出や生産性の高い観光産業の実現をめざす、③観光環境の整備（CIQ、宿泊、通信、交通、観光施設の充実）の加速、④高齢者、障害者を含むすべての旅行者（旅行客）が〝観光のよろこび〟が実感できる社会を築くことを目標としてあげ、以下の3つの視点から施策を進めることとしている。主なものを図式化してみる。

このようにどの項目もきわめて具体的に方向が示され、しかも国がほとんどの項目で具体的な数値目標を挙げていることに注目したい。

それぞれかなり大きい目標数値なので、実現には相当な努力が必要である。とくに官民の展開する様々な施策がこの「ビジョン」の実現において相互の整合性が保たれていること（時間的にも地域的にも）と施策を体系だてて推進（わかりやすい施策）することが必要である。

なお統計数値の不備もあって、国内観光全体の9割を占める日本人観光客にかかわる目標数値が旅行消費額のみとされている。国内での外国人と日本人の観光はまさに「車の両輪」である。数値目標の有無で国内（日本人）観光の増進が忘れられてはならないと思う。一日も早く日本人観光客にかかわる統計数値の正確な把握を実現し、そこにも数値目標が明示され、数値からも「車の両輪」として両者が併行して進められることが期待される。

近年、内外の観光をとりまく情勢は急速に変化しており、新しい動きに対応して関係者の知見を結集、国をあげて「新しい観光」ともいうべき斬新な施策の推進が強く求められているといえよう。いわば新しい前向きな「観光革命」に取り組む必要にせまられているのである。国内観光推進を担当する筆者の所属する日本商工会議所、日本観光振興協会等のいわゆる観光ナショナルセンターにおいても、国内観光を前進させ、外国人観光客（32年4000万人目標）、日本人観光客（逐年の増加を期する）による観光を活性化させるための施策に、国、自治体、関係団体とも連携をはかりつつ取組みを始めている。国内観光再活性化のために取組みを始めた諸施策を、新観光資源開発、ニューツーリズム等の新しい観光手法の開拓、観光基盤整備、受入体制整備等とあわせて、総合施策として推進することに心がけているところである。

以下、現在日本商工会議所、日本観光振興協会等で進め、また進めようとしている観光関係の諸施策等を、筆者の独断で「新しい観光」と仮称してまとめて述べることとする。従って、この施策群は今後の観光推進へのひとつの提案というべきものでもある。

―「新しい観光」施策の展開（提案）―

（1）「観光資源」の開発・再編成（見直し、磨き上げ）
（2）「観光手法」の開発・見直し（いわゆるニューツーリズムへの取組み）
（3）「観光基盤」（インフラ、制度等）の充実・再構築
（4）「観光産業」の経営改革
（5）「国際観光」の展開

以下、施策ごとに具体的施策（提案）を概説する。

（1）観光資源の開発・再編成

観光の中味を形成するもの、即ち観光の目標（対象）の中心にあるものは、観光資源にほかならない。観光客を増加させるためには、新しい観光資源発掘（開発）を含む観光資源の充実がまず必要である。しかし、新しい観光資源の開発には限度がある。温泉が急に湧くわけでもなく、

表5-1　観光資源の開発・再編成

観光資源開発・再編成	推進の方向	例
	テーマ別観光推進 （視点を変える）	（例）産業観光 街道観光 都市観光等
	いわゆるニューツーリズム推進 （手法を変える）	（例）ヘルスツーリズム、メディカルツーリズム エコツーリズム、ショッピングツーリズム スポーツツーリズム等
	伝統的観光の再構築 （新しい観光分野）	（例）（新）温泉観光 「食」の観光等

景勝地や有名社寺を急に増やすこともできない。従って、既存観光資源の価値の再認識、即ち、①資源間ネットワーク構築等による資源同士の相乗効果によりその効果を高める努力、②観光資源への視点を変えることによる新しい魅力の発見等で、既存の観光資源をより幅広く活かす等の努力が求められる。

もっとも、未公開の貴重な文化財の公開、テーマパーク等の新しい観光資源開発等も必要であるが、前者については資源保全と観光との両立をはかる必要があり、後者については乱開発（環境破壊）につながらないよう留意して進めることが求められるので、その対象はある程度限られたものにならざるを得ないと考えられる。

このため観光資源の充実をはかるには、以下の新しい手法による、また新しい視点に立った「新しい観光」推進が必要である。

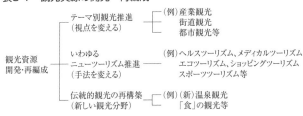

①「テーマ別観光」の推進

これまでの観光資源は、前述のように「自然観光資源」「歴史文化観光資源」に大別されると共に、両者をあわせた「複合観光資源」等によって構成されてきた。観光資源への視点を変えて、そこから新しい魅力を引き出すために、従来の観光資源分類をタテ割りとすれば、それに横串を入れるかたちで、視点を変えて観光資源群をとらえようとするものである。

コラム

観光手段から観光資源へ

観光地へのアクセス（移動）手段である交通機関、観光地での宿泊施設となるホテル・旅館等の利用（乗車）そのものが観光対象となり、観光資源化する現象が各地で見られるようになってきた。

そして新しい観光分野として観光客の関心を呼んでいる。

（観光列車）乗車すること自体が観光目的になるもので車両デザイン、内装、車内サービス、を通じてさらには車内からの景観を味わうため多くの観光客が集まるようになった。各地の「観光列車」がそれで、新幹線の開業に伴いその乗客を受けるため、九州・北陸・東北などで目立ち、ＪＲ民鉄もあわせ約１００種類の観光列車が週末を中心に運行されている。ＪＲ九州の豪華クルーズ列車「ななつ星」が内外観光客の話題となったほか、車内で景色を眺めながら食事を楽しむ、いわゆる〝ぐるめ列車〟などが好評でリピーターの乗客も多い。

（クルーズ船）乗船することが観光目的になるクルーズ船が盛況である。外国の船会社が地中海・カリブ海等で始めたものが次第に日本にも寄港するようになり、これに刺激されて日本でも数万トンクラスの大型ク

国内クルーズ泊数別乗客数推移

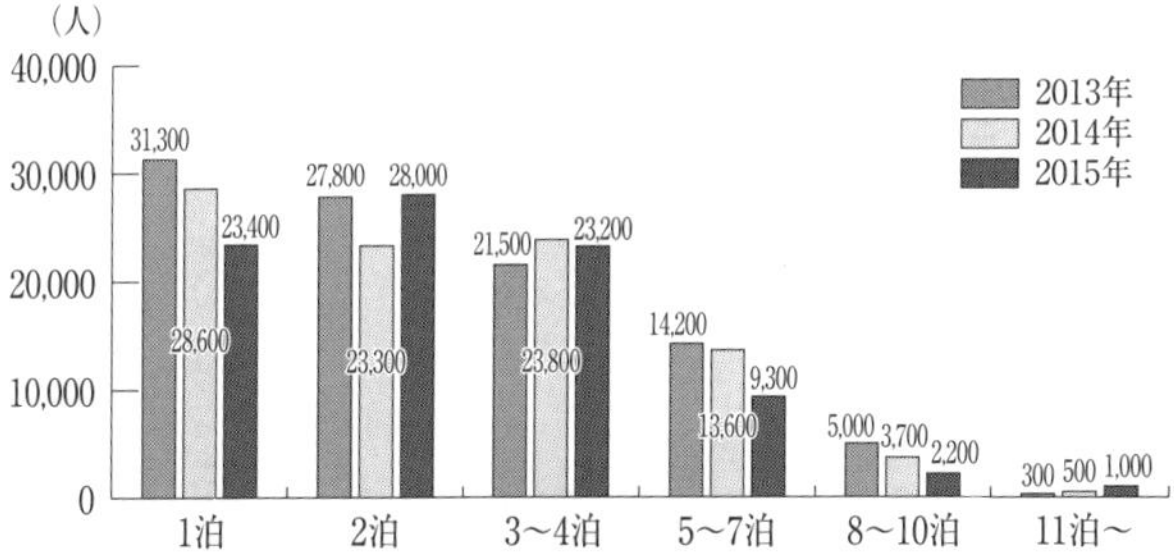

(注)：人泊数は各クルーズ客数に泊数を乗じたものである
資料：国土交通省海事局／湾港局「2015年の我が国のクルーズ等の動向について」

飛鳥Ⅱ

ルーズ船が就航し、各港に寄港しながら船内での宿泊、食事、イベント等を楽しむもので、一定のコースを周回後、出発港に戻るので船をアクセス手段としてではなく、観光資源として選んでいることになる。

近年大型船で定員も増えたことから利用料金も安くなり気軽に参加できる新しい観光として、普及しつつある。（ホテル・旅館）観光地での宿泊施設としての利用から一歩進んで、そのホテル・旅館への宿泊自体を観光目的とする傾向がみられるようなった。施設（近代的な建物のみではなく、古都の町屋宿泊等伝統的な建物、宿泊を含む）での宿泊自体のほかホテル等の館内に大型庭園、プライベートビーチ（専用海浜）等をもちマリンスポーツにも参加する他、構内の美術館等の見学等様々のアクティビティ（行動型）観光もできる幅広い観光資源を構成するものが多くなった。宿泊施設からいわゆる総合リゾート施設への脱皮も進んでいる。

なおリゾートについては自然環境などを守りながら進めることを、クルーズ船については港湾整備・機動的入出国手続きの円滑化、観光列車ではその地域の通勤・通学などの一般列車とのダイヤ調整をはかること等が求められている。

この場合、まず3種類のまとまった「テーマ別観光」を例としてとりあげたい。既に観光団体、自治体等が各地でこのテーマ別観光に取り組みはじめた。主な3種類のテーマ別観光として、「産業観光」「街道観光」「都市観光」を考えてみたい。この3観光に共通している点は、新しい観光ニーズ、即ち「体験観光」「学習観光」へのニーズを満たすことにより、最近の多くの観光客が期待する効果も出せるものと考える。まず、人間生活に身近な「産業」（ものづくり）、「街道」（みち）、「都市」（まち）をメインテーマに選ぶこととした。人間生活に、また地域社会に密着した観光として、この３つのテーマ別観光は関係地域から大きい期待をもって迎えられつつある。

（例１）〈産業観光〉（ものづくりの観光）

「産業」（ものづくり）は、人間生活に不可欠なものである。このものづくりの視点から観光資源を見直そうとする観光が「産業観光」である。例えば海、川、湖についてみれば、これまではその景観、ないしそこで水辺に親しむというのが観光の中心であった。しかし、同じ海、川、湖を、視点を変えて「産業」（ものづくり）という視点からみるとどうなるであろうか。海、川、湖は産業（漁業）の場とみられるから、そこにどんな魚がいるか、またどんな漁法がそこにあるかという点にまず関心が向く。さらに、鯛網漁、地曳網、潮干狩、さらには鵜飼漁等、様々な漁法を見学し、かつ学ぶことに関心が集まる。同時に、その漁に参加（体験）できるかどうかという点も注目される。即ち「産業観光」の視点から、海、川、湖には従来の景観観光の場合とは違った側面の魅力がそこから見出され、新しい観光資源の発掘と同様の観光効果が観光客にもたらされることになる。

有名社寺等についてもみてみよう。従来の歴史文化面からの見方とは異なる視点から、社寺をみるとどうなるであろうか。社寺も建造物であるから、産業生産物の一種である。そこでは社寺の由緒、歴史、外観などの魅力のほか、建築様式、建物の材質、設計、建造過程等が注目されることになる。即ち、海、川、湖の場合も有名社寺の場合も、これまでとは異なった視点からみると、新しい魅力がそこに見出されると考えられる。さらに、その新しい魅力と従来の視点からの魅力とをあわせると、観光対象を立体的に、多面的にとらえることも可能となる。そこからは魅力同士の相乗作用も働いて、より大きい観光効果を得ることができると考えられる。

「産業観光」とは、このように「歴史的・文化的価値のある産業文化財（古い機械器具、工場遺構等の産業遺産が中心）、生産現場（いまものをつくっているところ）、さらに産業製品（陶磁器、織物等がその代表例）を観光資源とする観光」と定義付けることができる。

産業には、当然第一次（農漁業）、第二次（鉱工業）、第三次（運輸・情報サービス産業・商業）のすべてを含む幅広いものがその対象となる。従って、生産現場のなかには稼働中の工場、工房のほか、農場、漁場、さらに生産物の取引を通じて価値をつくり出す市場、商店（街）等も、産業観光の対象となることはいうまでもない。

―産業観光の動機―

「産業観光」は、日本の産業革命ともいわれる明治時代からの産業近代化を担ってきた機械器具類（近代化産業遺産）を文化財として保存公開すべきとの声の高まりが、その動機のひとつとなった。

主な企業、国、自治体等公的機関に保存された産業遺産遺構が各地で資料館等に収容・公開され始めたのが、明治100年（昭和47年）頃からであった。そして、「産業遺産の保存は活用（公開）することが、真の保存につながる」と考えられるようになった。さらに、企業のPR活動の一環として全国各地でも行われはじめた工場の公開等も「産業観光」を進める大きい動機となったといえよう。地方自治体、大企業等からこの動きがひろがり、新しい観光分野を形成するようなった。

―「産業観光」の観光資源―

産業観光資源は、歴史的にも分野別にも幅広いひろがりがある。分野別・資源発生期別に分類整理すると**表5－2**の通りである。

表5-2　産業観光資源分類

	有形観光資源	無形観光資源	総合観光資源
テーマ別観光資源（例）（産業観光）	・産業文化財（産業遺産）（機械器具、工場遺構） ・生産現場（工場、工房、鉱山） ・エネルギー（風車、水車、水道、ダム、発電所） ・交通通信（車両、船、港、通信設備、灯台） ・観光牧場、観光農場	・産業体験（農業、鉱業、工業） ・専門技術（わざ、熟練）	・産業博物館、資料館 ・インダストリアルパーク（総合産業公園） ・産業観光地域（産業テーマパーク）

（注）1. 総合観光資源とは複数種の観光資源がまとまりひとつの観光資源となったものをいう
2. 複合観光資源とは自然景観観光資源・歴史文化観光資源の両資源にわたる総合観光資源をいう

（例2）〔街道観光〕（みちの観光）

「街道」（みち）とは、人間の交流手段であり、またその場でもある。人類の生息が始まって以来、その生活の必要のためにいわば自然発生的に道ができた。人類の生存本能の所産ともいえる。当初はただ踏み固めたけもの道程度のものから、今日の高速道路に至るまで長い歴史をもち、人間のくらしを支え、文化を形成し、ゆたかな人間社会実現の原動力となって、「街道」は機能してきた。

（注）「街道」の語源は、海への道、海沿いの道、即ち「海道」にあるといわれる。山への道は「山道」といわれてきたが、この両者あわせて、また沿道のまちなみ等もあわせた総称として、「街道」の名が使われるようになったという。本稿では、「みち」といった広い意味で「街道」の用語を使う。

「街道観光」は、「街道を歩き、その交流（文化）の原点にふれると共に、沿道の景観、まちなみ、さらに街道周辺に形成された事象（文化）等をたずねることによって、人的交流を促進する観光をいう」と定義される。

街道（みち）をテーマとし、「みち」からの景観、事象を、産業観光と同じくいわば横割りにして観光資源をまとめ直したもので、歴史文化、自然、両観光資源の分野にわたる幅広いものがその対象資源となる。

―「街道観光」の動機―

街道の整備が、この観光の動機の最大のものである。日本の道路の歴史は古く、何らかの街道（みち）が古墳時代（4～5世紀）頃には既に整備されていたとの記録が文献で確認される。本格的な「街道」として整備されたのは、律令時代頃からとみられる。七道制（東山道、東海道、北陸道、山陰道、山陽道、南海道、西海道）がそれである。

また、江戸幕府の参勤交代制が、各地から江戸への道路整備の原動力となったといわれる。しかし、架橋を認めなかったことから、徒歩交通中心の街道となったが、宿場町の繁栄と、そこに文化の集積をもたらし、沿道住民と旅行者との交流を通じて、幅広い街道交流文化が江戸時代には形成されたものと考えられる。江戸時代には、このような街道を利用し神仏詣の途次の「街道観光」が、一般庶民の観光の中心となっていった。このような「みちあるき」では、観光客と沿道住民が同じ目線に立つことから、両者の交流を促進し、新しい街道交流文化を形成できることから、道路整備にあわせて各地で「街道観光」への取組みが進むようになった。

近年の健康志向から行われるようになったウォーキングを観光に結びつけて進めようと考えたことも、「街道観光」の新しい動機となった。

さらに、道路そのものを移動の手段としてだけではなく、観光資源化する動きも出てきた。例えば「道の駅」の設置である。これによって「道の駅」が観光センター的役割を果たし、そこでともすれば失われがちであった観光客と住民とのふれあい（交流）が実現する真の観光が可能となり、このことも「街道観光」を普及発展させる最近の大きい動機となった。さらに、整備された道路網を活用するため、国が主導して、沿道の景観を道路を通じて味わうシーニックバイウェイ（風景街道観光）の提案等も、「街道観光」発展の新しい動機となっている。

―街道観光の観光資源―

街道（みち）を通る観光客、即ち歩行者や車での通行者の目線と沿道の人々の目線を極力あわせながら、沿道の景観、文化等にふれることが「街道観光」の特色である。従って、街道からみた風景、河川、海（湖）岸、山岳等の幅広い自然観光資源が、「道（街道）からの○○」として、

表5-3　街道観光資源の例

①伝統型街道観光

歴史文化観光資源		自然観光資源
江戸時代以前	現　代	
古街道（脇街道）等 関所（建物）等 宿場（建物）等 民俗文化 宗教遺産	国道、地方道等 旧街道徒歩体験 旧宿場宿泊体験 道路施設	街道の景観 街道からの眺め（河川、海岸、山岳） 宿場町（生活）文化 宿場町景観
総合資源	歴史的建造物群：資料館、博物館等（街道関連）、道の駅	

（注）街道のうち、徒歩体験がしやすい道がバイパスの完成等によって整備されつつあり、体験観光が普及しつつある

②ストーリー型街道観光

（例）・関西歴史街道（伊勢－奈良－京都－大阪－神戸）
・戦国の道（京都－安土－関ヶ原－岐阜－名古屋）
・利家出世街道（名古屋－清洲－福井－丸岡－粟津－金沢）

（利家出世街道）

歴史文化観光資源	自然観光資源
・荒子観音寺（名古屋） ・清洲城、福井城跡 ・丸岡城、府中城跡 ・粟津、浅井畷古戦場 ・七尾城、高岡城 ・金沢市内（城跡、兼六園、天徳院、野田山）	・琵琶湖 ・越前海岸 ・能登半島 ・金沢等都市景観

（注）利家の足跡をたどり、ひとつのストーリーのもとに観光資源を総合したもの

その主な資源となる。資源分類は表5－3の通りである。

宿場（跡）での宿泊体験、みちあるき体験そのものが「体験観光」ともなる。また、このような街道沿いの寺社、まちなみ等には歴史的背景をもつものが多く、「歴史学習観光」の資源ともなる。

先述の「道の駅」も全国で1000駅をこえる状況となり、新しい大型の「街道観光」資源となってきた。

なお、「街道観光」の一分野として、「ストーリー型街道観光」が近年盛んになってきた。テレビドラマ等がヒントになり、歴史文化の発展

過程を歴史をなぞって探訪すること、即ち史実をストーリーとして、それに沿って観光していく新しいタイプの観光である。もっとも、具体的なみち（街道）があるわけではないが、既存の道路に道標等案内標識を立て、観光用の地図を配付してコースを明示するものが多い。関西財界の提案した「関西歴史街道」（伊勢から奈良、京都、大阪、神戸の史跡等を歴史の流れに沿って一巡する）、「利家出世の道」（前田利家の伝記に因んで、利家出生の地（名古屋）から、利家ゆかりの清洲、長浜、敦賀（金ヶ崎）、丸岡などを経て金沢に至るもの）は、多くの参加者を集める観光モデルコースとなり、観光商品化もされた。

「街道観光」には、当然「歩ける道」がなくてはならない。また、沿道住民の協力も必要である。このような「歩ける道」にかかわる適確な情報の発信（歩車道区分の有無、交通量の状態、段差・急坂等の有無）が必要である。東海自然歩道や各地でのバイパス整備による歩行者専用道の開発も進んでいるが、まだ十分ではない。同時に、観光客と沿道住民とが同じ目線に立つことで人的交流が促進されることが、「街道観光」の大きい要素であるから、そのためのふれあいの場を用意することが望まれる。そして沿道の人々がもてなしのこころをもって観光客を受け入れる等、ハード、ソフト両面にわたる受入体制整備が、くらし密着型の観光であるだけに期待される。

コラム

道の駅

平成5年、国の道路整備五箇年計画（11次）で「休憩、情報交流、地域連携、地域情報提供機能をもたせるとともに、道路利用客と沿道住民との交流の場」として「道の駅」が主要道路沿いに設置されることになった。「鉄道の駅」と同じような役割をもつことから「道の駅」と命名され、図のような共通マークを掲出している。

設置基準は、①景観のよい所に設け、②多数の車が安全に出入りし駐車できるところで、③駐車場、洗面所（トイレ）、情報施設（電話、IT利用設備、情報TV等）を備え、④地産品中心の飲食物、物品の販売を行う場所としてふさわしい施設となっている。「道の駅」は上記の基準に沿って二つのタイプに分けることができる。

①ゲイトウエイ型、案内窓口機能（とくにインバウンドへの対応）、ふるさと情報の提供に重点をおき地方移住への情報提供も行う。

②地域センター型、地方経済振興、雇用確保等による地域経済、福祉への貢献、観光案内機能、防災機能等を備える。

道の駅シンボルマーク

「道の駅」は環境、食、風物、産業等地域の「光」とされるものをそこに集約するので、「道の駅」を訪ねることによって地域の「光」に直接ふれることができる。近年、日帰り客の増加、素通り客が多い地域にとってはゆきずり型の観光が多くなり、観光に求められる地域（住民）との交流（ふれあい）が失われがちである。「道の駅」が「駅」で働く地元の人々と観光客の対話交流の場となり、観光をその原点に戻った充実したものとする動機を提供しつつある。

現在「道の駅」は1100カ所に達し、なお増加の傾向である。在来型道路のほか高速道路沿いにも設けられ、高速道から一旦降りて最寄りの「駅」に立寄る場合の通行料金の特例（料金負担なしで「駅」に立寄れる）も設けられることとなり、道路利用者が必ず立寄る文字通りの利用者（観光客）に身近な「駅」として、「道の駅」もひとつの重要な観光資源（文化観光資源）として定着しつつある。

（例3）〈都市観光〉（まちの観光）

都市（まち）の観光とは、「都市（まち）そのもののもつ特色、そこに集積された独自の文化、景観（場合によっては市風―雰囲気まで）にふれるとともに、市民と観光客との幅広い交流を通じて新しいまちづくりにつなぐ観光」をいう。以上が「都市観光」の定義であり、目標である。

（注）ここでいう「都市」とは、市制施行地に限らず、「町」も含む一定の文化、人口の集積がある地域を考える。

勿論、これまでも多くの都市が「観光都市」といわれてきた。しかし、それは主に「都市の○○」という市内の一定のスポットを観光対象と考えていた。「新しい観光」としての「都市観光」は、そこから一歩進んで都市そのもののもつ魅力、特性（雰囲気までも）をひろく全体として観光資源（対象）とするものである。いわば都市内の「点」の観光から、幅のある都市全体の「面」

の観光にひろげるものである。そのまちの市風を味わうことから出発して、ひろく都市の発するあらゆる無形の情報にもふれるところまでを含んでいるといえよう。都市総合観光ともいうべきものである。

—「都市観光」の動機—

人口構造の変化、交通環境の変化が進み、多くの都市で都市構造の変化が急速に進んでいる。鉄道から道路へ交通の重点が移ったため、従来、都市の中枢であった駅前地区の人通りが減り、多くの商店が閉店して、いわゆるシャッター街となるような都市が多い。反面、それらの都市では郊外のバイパス道路沿い等に大型店舗や住宅が無秩序に建設され、多くの機能がそこに移転し、都市の拡散が目立ってきた。このため、旧市街地の賑わいを取り戻したいとの市民の要望が高まってきた。失われがちな都市（都心）の魅力を再生する気運が盛り上がってきたのである。新しくつくり直そうとするまちについての新しい話題づくり、イベントづくりに努める都市も出てきた。このような地元の動きが「都市観光」の大きい動機となった。

一方、埋立地や遊休地の開発、古い建物の修復等を総合的に進め、多くの人が訪れたくなるような全く新しい都市（情報観光都市ともいうべきか）をつくる動きもある。それが新しい「都市

表5-4　都市観光資源の分類（例）

<table>
<tr><th colspan="2"></th><th>歴史文化観光資源</th><th>自然観光資源</th></tr>
<tr><td rowspan="3">都市観光資源</td><td>一般</td><td>都市にかかわる遺跡、城跡、建物、美術品、都市（生活）文化</td><td>都市にかかわる河川、海岸、山岳（季節）等</td></tr>
<tr><td>総合</td><td>博物館、美術館、社寺</td><td>都市公園</td></tr>
<tr><td colspan="3">都市景観（都市情報）</td></tr>
</table>

みなとみらい

観光」資源造成の動機となった例（東京有明地区、横浜みなとみらい、福岡キャナルシティなど）も多く、「都市観光」に新しい魅力を加える動機になっている。

―「都市観光」の観光資源―

表5―4に示すように、歴史文化、自然、総合の3種の分類にわけているが、都市内のこれらの資源は新しい「都市観光」のいわば部分品を構成する。個々の諸資源のまとまり、即ち都市の環境と機能集積の全体が、「都市観光」資源の中核資源となる。いいかえれば、都市のかもし出す独特の魅力、即ち「市風」ともいうべき「都市観光」で得られる都市の

（好）印象そのものが、「都市観光」の観光資源となっていくのである。また、都市の発信する様々な情報にふれるために訪れる人も多いが、この情報も「都市観光」の無形の観光資源の一部ということができる。

都市にかかわる無形の印象、情報を観光客が受け止めることで、観光効果が高まる特性をもつ観光といえよう。そこでは観光客一人ひとりがもつ観光意思にそって、「都市観光」を構成する様々ないわば「部分品」にふれ、そのなかから自分独自の観光資源をそれぞれの心のなかにつくりあげるという性格の観光とも考えられる。

「都市観光」の観光資源は、このような観光客の心のなかで大きくひろがる可能性をもつ「無形複合観光資源」であるといえよう。

（例4）〈マイテーマ観光〉

テーマ別観光の場合、これまで述べた3種のように多くの人が参加する観光のほかに、自分自身の考えた独自のテーマで観光する、いわば手づくりのテーマ別観光が最近盛んになってきた。ＩＣＴの普及によって情報が多様多岐なものにひろがり、それらへのアクセスが個々に可能になってきたことによる。

このような現実に注目して、文化庁が「わたしの旅１００選」を募集し、そのなかからすぐれた観光テーマに大賞、特別賞などを授与する、いわばテーマ別観光コンクールともいうべきものを実施した。その中の入賞作は**表5－5**のようなものがあった。テーマは自分に身近なものをえらんでいるため、地域限定の隠れた観光資源を発掘する効果があり、この情報が流れてから各テーマに選ばれた観光に参加する人が増加したという。また、同類のテーマ同士が連携して観光ネットワークを作ることも行われ始めた。「マイテーマ観光」の地域版ともいえよう。

観光団体、旅行会社、地方自治体や個人も含めて、ひろく一般的、組織的にこのような提案を募り、また提案し、それらを商品化することができれば、文字通り地域密着・着地型の観光資源の大量開発も可能になると考えられる。

（注）国（観光庁）もこのような様々な「テーマ別観光」を幅広く推進するため、「テーマ別観光による地方誘客事業」を開始した。①共通テーマで、②複数地域が、③観光ネットワークを構築し、④共同連携して情報発信、観光イベント等を開催して、⑤複数地域をまわる広域観光客誘致をはかろうとする「テーマ別観光」を、国で選定支援しようとするものである。平成28年5～6月、この各地のいわば「マイテーマ別観光」を募集、審査のうえ、7件を選定した。この「テーマ別観光」のための実行委員会等に対し、共同マーケティング、周遊プラン作成、共同ＷＥＢサイト開設経費等を観光庁が支援しようとするものである。

表5-5　「わたしの旅100選」の大賞と特別賞入賞作

旅のテーマ	訪問先（都道府県）
“Japan”（漆器）を訪ねる旅	栃木、東京、石川、福井、京都、沖縄
旧石器時代を体験する旅／ オホーツクの古代遺跡を訪ねて	北海道
ひな街道を行く	山形、新潟
分水嶺を越えて、古い町並みジグザク紀行	長野、岐阜、富山
世界文化遺産白川郷と日本の匠の技を訪ねる旅	岐阜、石川、福井、滋賀、愛知
世界遺産「熊野古道」を海・山・川で体感する	三重、和歌山
万葉の旅	京都、奈良など25都府県
20世紀初頭、外国人建築家が見た日本をめぐる旅	群馬、京都など9都府県
キリシタンの道　島原・天草	長崎、熊本
歴史と祭祀の源流に触れる旅	長崎

（注）文化庁資料による

表5-6　国土交通省選定のテーマ別観光

テーマ	協議会名（協議会の代表者）
エコツーリズム	エコツーリズム地域推進協議会（予定） （NPO法人日本エコツーリズム協会）
街道観光	街道観光推進会議（日本歴史街道ネットワーク）（予定） （NPO法人全国街道交流会議）
近代建築ツーリズム	近代建築ツーリズムネットワーク（予定） （青森県弘前市）
酒蔵ツーリズム	酒蔵ツーリズム推進協議会（予定） （(株) アサツー ディ・ケイ）
社寺観光　巡礼の旅	社寺観光地域連携協議会（予定） （(一社) 全日本社寺観光連盟）
明治日本の産業革命遺産	明治日本の産業革命遺産世界遺産ルート推進協議会（予定） （(一財) 産業遺産国民会議）
ロケツーリズム	ロケツーリズム協議会（予定） （(株) 地域活性プランニング）

「建築」「酒蔵」「明治産業遺産」「ロケ」の４件は、広義の「産業観光」（分野別）でもある。

世界遺産

「世界の文化遺産及び自然遺産の保護に関する条約」が昭和47年、国連の教育科学文化機関（通称、ユネスコ）総会で採択された。

条約では文化財の保護の対象を文化遺産、自然遺産、その他複合遺産に分類して、人類共通の貴重な遺産としてその保護を国際的な協力によって進めるべきことを定めている。

世界遺産については遺産保有国が自国のもつ文化・自然遺産等を保護する努力がまず求められる。同時に加盟各国がすべてこの努力へ協力することが条約上義務づけられている。またユネスコもこのような努力について技術的、財政的支援を行うこととされている。これに関連して世界遺産委員会、世界遺産基金も設けられた。

日本は平成４年に１２５番目の条約締約国となった（条約締約国数１９２カ国）。

世界遺産委員会は毎年1回、定例開催し、世界遺産暫定リスト登録の候補地のなかから実地調査を行った結果を受けてリストへの新規登録対象を追加決定している。

なお委員会への推薦は加盟国の各政府が行う。

世界遺産登録基準は次の通りである。

・文化遺産ー顕著な普遍的価値をもつ建築物や遺跡など

・自然遺産ー顕著な普遍的価値をもつ地形や生物多様性、景観美などを備える地域など

世界遺産はいずれも観光資源としても価値の高いものであり、観光の分類からみると自然遺産は自然観光資源に、また文化遺産は歴史文化観光資源を構成する有力な観光対象である。しかし、登録されることが明らか

日本の世界遺産

登録名	登録年	所在地
法隆寺地域の仏教建造物	平成５年12月	奈良県
姫路城	平成５年12月	兵庫県
古都京都の文化財	平成６年12月	京都府、滋賀県
白川郷・五箇山の合掌造り集落	平成７年12月	岐阜県、富山県
原爆ドーム	平成８年12月	広島県
厳島神社	平成８年12月	広島県
古都奈良の文化財	平成10年12月	奈良県
日光の社寺	平成11年12月	栃木県
琉球王国のグスク及び関連遺産群	平成12年12月	沖縄県
紀伊山地の霊場と参詣道	平成16年７月	和歌山県、奈良県、三重県
石見銀山遺跡とその文化的景観	平成19年６月	島根県
平泉　－仏国土（浄土）を表す建築・庭園及び考古学的遺跡群－	平成23年６月	岩手県
富士山－信仰の対象と芸術の源泉	平成25年６月	静岡県、山梨県
富岡製糸場と絹産業遺産群	平成26年６月	群馬県
明治日本の産業革命遺産　製鉄・鉄鋼、造船、石炭産業	平成27年７月	山口県、鹿児島県、静岡県　岩手県、佐賀県、長崎県　福岡県、熊本県
レ・コルビュジエの建築作品－近代建築運動への顕著な貢献－	平成28年７月	東京都

（文化遺産のみ。「知床」「白神山地」「小笠原諸島」「屋久島」の自然遺産を除く）

となると観光客が急増、このことがいろいろの課題を投げかけている。例えば、平成19年登録の石見銀山（島根県）遺跡の場合、道路、駐車場の整備が間に合わなかったために、はげしい交通混雑を生じて一時、自動車の乗入規制を行わざるを得ない状況となった。遺産の性格上、秩序ある静かな観光が望ましく、そのような呼びかけによって観光客にも遺産保護についての協力を求める必要がある。勿論遺産は多くの人が訪れ、その価値を認識することが登録の趣旨に沿うことでもあるので、観光客の円滑な受入れのための体制整備が必要なことはいうまでもない。

(注)「カジノ」が新しい観光にもかかわる施策として導入が議論されている。「カジノ」は大規模集客(客を呼び込む)産業で、その効果は大きいとされる。しかし「カジノ」は「観光」そのものとは考えられないと思う(地域の「光」-うつくしいもの、秀でたものとはいえない)。「観光」にとっては誘客手段であると考える。従って、集客のための手段のひとつとして地域の実情も考えながら導入するとすれば、その効果、弊害(防止策)も含めて慎重な検討と対応が必要と考える。

(2) 観光手法の見直しと開発(ニューツーリズムの展開)

「ニューツーリズム」という言葉をよく聞くようになった。文字通り、これは「新しい観光」を意味する。しかし、現在進んでいるいわゆる「ニューツーリズム」は、どちらかといえば観光資源(対象)にアプローチする手法を新しい発想に立って見直そうとするものである。「手法の見直し」(開発)によって、先述の「テーマ別観光」と同様に、観光資源へこれまでとは異なった視点、角度からアプローチすることになり、異なった側面からその観光資源の新しい魅力を引き出せることになる。新たな観光分野の開発と同じ効果を得ることができる。

以下、いわゆる「ニューツーリズム」のうち、最近の新しい観光ニーズを踏まえた体験行動型のものをとりあげてみたい。

森林浴（尾瀬）

①エコツーリズム（環境観光）

「自然環境、歴史文化を対象とし、それを損なう（手を加える）ことなく訪れ、見、かつ学ぶ観光」のことで、国の観光基本計画でも、この展開をとりあげている。

―エコツーリズムの動機―

経済成長とそれに伴う国土開発の進展によって（行き過ぎによってというべきか）、日本のゆたかな自然環境が破壊される現象が各地でみられるようになった。また、観光によっても、観光資源の乱開発や酷使等が観光環境の破壊につながる状況も目立ってきた。そこで、観光と環境保護を両立させること、さらに進んで、環境（保護）活動そのものを観光対象とする新しい観光手法が、各地でとりあげられるようになった。即ち、観光のために自然環境に手を加えることなく、むしろ観光客が自然の中に積極的に入って、直接自然にふれる観光手法がエコツーリズムである。

―エコツーリズムの展開―

具体的行動としては、バードウォッチング、森林浴、ホエールウォッチング（野生動物の観察なども）等を内容とするものである。進んで森林保護活動、とくに植林、間伐等の作業体験、さらに動物保護活動の体験等の学習観光、体験観光にも発展して、幅広い行動型観光となってきた。この観光によって、従来の自然景観観光とは異なった角度から自然の魅力をあらためて再発見することができ、観光効果の幅が一段とひろがることとなった。

この観光については、プログラムやメニューの作成と情報発信が重要である。また、破壊につながる行き過ぎた観光とならないように、また自然保護への啓蒙のためにも、適切なガイド（指導者）の育成・配置が求められる。さらに、発展形態として農（林）業体験観光にかかわるものも多いことから、前述の「産業観光」との連携も進むようになった。このように「産（農）業観光」等と連携したより幅広い観光も「グリーンツーリズム（自然観光）」と名付けられて、修学旅行等の対象に選ばれることも多くなってきた。

（注）日本エコツーリズム協会によると「エコツーリズム」とは、「自然、歴史、文化など地域固有の資源を活かした観光をいう。また、観光によって資源が損なわれることのないよう適切な保護保全をはかること。同時に、資源（自然）の保護と観光の両立と地域振興との融合をめざす」としている。なお、エコ（ＥＣＯ）とは環境（ecology）の略である。

②ヘルスツーリズム（健康観光）

人々の健康志向に着目し、観光が健康増進につながるよう医学的知見等を取り入れて推進する観光手法のことをいう。

―ヘルスツーリズムの動機―

健康の保持、健康増進は、誰もがもつ人間の本能に根ざした欲望である。近年、成人病の増加とその弊害が指摘されるに至った。そこで多くの人が健康のための活動に積極的に取り組むようになった。このような志向を満たすと共に、医学的知見にもとづくプランの策定、提案もあり、これが新しい観光手法の開発を促した。

―ヘルスツーリズムの展開―

「健康観光」には、4つの主な流れがある。

第1は、観光行動に参加すること自体が、即、観光客にとって健康増進活動となるものである。具体例として、「脱花粉症観光」(北海道)等がある。

北海道(道南地域を除く)では春先のスギ花粉の飛散がほとんどないこと、また、花粉症に悩む人が数百万に及ぶといわれて、社会問題とさえなってきたことに着目したものである。専門家の知見を受け、多くの人が悩んでいるスギ花粉症から逃れるため、北海道観光によって北海道の自然を長期滞在して味わってもらうべく企画されたものである。

第2は、各地の山林等ゆたかな自然のなかに長期間滞在し、専門家(医師)の指導のもとに適度の運動、作業体験、食事療法等を体験する。これによって、健康なかんずく脳の健康を維持回復させようとする観光で、長野県等、自然条件に恵まれた地域で始まった。

第3は国際観光としての展開である。

日本のすぐれた医療技術に着目して、外国人(近隣諸国等の)に来日を求め、日本の医療機関で手術、治療や医学的検査等を受け、長期滞在し、療養等を兼ねて日本を観光するものである。一部地域で医師会等の反対(医師不足のためとして)も残るので、地域差があるが、少しずつこのための来日客も増加し、新しい国際観光の手法にまで成長してきた。なお、近隣諸国のなかでは、医療技術の進んでいるタイ国が、この観光に熱心に取り組んでいるという（2011年に世界各国から150万人をこえるヘルスツーリズム客が来訪している）。

第4に、最近急増してきた「ウォーキング観光」がある。

健康志向のウォーキングを観光に結びつけるものをいう。即ち、専ら歩くだけのウォーキングから一歩進んで、沿道の観光地、観光スポット等をコースに組み込み、「観光ウォーキング」の性格をもたせるものである。この観光は情報発信（天候による催行の可否、沿道観光地の案内等）がとくに重要な役割を果たす。

健康志向という人間の基本的欲求を観光で満たそうとするこのニューツーリズムは、人間生活に、また地域社会に密着した新しい観光手法として、今後の発展が期待されている。

なお、この手法の発展形態として、「スポーツツーリズム」も各地で盛んになってきた。

（注）スポーツツーリズムとは、目的地で観光と共にスポーツを楽しもうとするもので、テニス、スキー、スケートなどが多い。海水浴も近年、沿岸のプール等で他の観光とあわせて楽しむリゾート型の傾向が強く、いわゆるスポーツツーリズムのかたちに変わってきた。新しい傾向としては、ウィンタースポーツが楽しめる北海道等に暖かい国の外国人がコンドミニアムを買い取り、冬期

長期滞在する、日本ではこれまでみられなかった欧米型のスポーツ国際観光も、盛んになってきた。

③ショッピングツーリズム（買物観光）

「爆買い」といわれる新語が流行語になっている。外国人観光客の円安で有利になった日本での買物の盛行を示す言葉である。買物観光は商店街、デパート、駅ビル等の広範囲にわたる新しい外国人を中心とした観光として定着しつつある。

―ショッピングツーリズムの動機―

急激な円安の進行に伴って、日本での買物が割安になった外国人観光客の行動が、このツーリズムに火をつけた。これが都市商店街等の活性化につながり、品揃えの充実、店舗の整備等を促し、ショッピングツーリズムが観光の新しいひとつの手法として大きい役割を果たすようになった。

―ショッピングツーリズムの展開―

この「ショッピング観光」にも二つの方向がある。

第1は、外国人観光客にそのニーズがとくに高まったもので、大都市圏での工業製品、とくに近代情報機器、電子機器、家電製品等の専門商店街の急激な顧客増によるものである。外国人（とくに近隣諸国からの）観光客にとっては、買物観光がその中心的位置を占めているといっても過言ではない。これに誘発されて、日本人観光客の、とくに都市における買物観光も増えてきたといわれる。また、観光地でも観光土産品、特産品等のショッピングが盛んになってきた。

第2は、いわゆる商店（街）ではなく、朝市、週市、魚市場等、日時を限って開かれる生鮮食料品等の市場観光（見学）と、そこでのショッピングを伴う観光ツアーの盛行である。函館、高山等の朝市、主な漁港での水産物市場は、海外にまでその名を知られる観光スポットになってきた。また、東京築地市場の魚せり市の見学等は、従来考えられなかった新しい観光（ニューツーリズム）となり、大勢の観光客を迎えている。即ち、従来とは異なった角度から見た市場等を観光対象に選ぶことにより、都市観光に新しい手法を付加したといえよう。とくに各地のみやげ物店や「市《いち》」等は、その地域独特の雰囲気がそこに醸し出され、商業行動自体が新しい観光資源となってきたといえよう。また、買物を通じて観光客と地元住民との間にふれあいの場ができることになり、観光の好印象、即ち、効果を高めることにもつながっている。ショッピングは、この意味で新しい観光手法の大きい柱にまで成長したと考えられる。

④こころの観光

行動型の新しい観光手法として、地域は限定されるが「こころの観光」がある。人間のこころ、即ち精神的なものに訴える観光で、大きい観光効果の生まれる観光手法となりつつある。その代表例として「宗教にかかわる観光」がある。

宗教に「観光」という用語はなじまないという意見もある。しかし、観光の正確な意味は「地域にある美しいすぐれたもの（特色）を、心をこめて観かつ学ぶこと」であった。従って、宗教のような美しいこころ（即ち光）のよりどころを求めての人間性に根ざした行動は、観光と同じ方向を志向するもので、両者（宗教と観光）は矛盾するものではなく、むしろ互いに補い合う関係にあると考えられる。

日本の庶民観光の原点は、既述のように宗教観光、即ち神仏詣であった。伊勢参宮、善光寺ま

いり等が江戸時代、一般庶民の間にひろく普及していたことは、文献上でも明らかである。また、古来の宗教行事として仏教の西国三十三所札所（ふだしょ）（寺院）まいり、四国八十八ヶ所遍路等の慣習が広く普及していた。最近、この札所めぐり、遍路などについて、周辺の他の観光地めぐりと組み合わせて新しい観光手法（コース）とする動きが、関西地域（とくに四国）で始まった。交通機関（道路・鉄道等）の発達等によって巡拝しやすい環境が整ったこと、さらに年配者の多い観光が宗教志向と結びついたこともあって、この観光手法は、近年、多くの観光客が参加する観光に発展した。関西地域では、この手法をさらに発展させて、宗旨のワクを超えて宗教団体、観光団体が連携して、さらに新しい観光手法（資源）に発展させたいとの動きも出てきている。長く観光客の心に残る「こころの観光（宗教観光）」として、精神的な付加価値の高い新しい総合観光資源が各地に生まれつつある。

(3) 伝統的観光の新展開

長い歴史をもつ伝統的な在来型の観光でも、最近の観光客のニーズを受けて観光の進化が進み、新しい展開をみせようとしている。

即ち、古くからの伝統のある観光地（観光資源）が、新しい観光手法を導入することにより、さらに多くの観光客を迎える新観光地（観光資源）に脱皮する動きである。

①「新」温泉観光

伝統的な温泉場の多くに、観光客の伸び悩みの現象がみられるようになった。観光客の需要動向、とくにそのニーズの変化を分析した温泉観光都市では、新しい手法を導入してその再活性化をはかろうとしている。

―「新」温泉観光の動機―

温泉観光は、まさに日本の伝統的観光の定番ともいうべきものである。約3000カ所の温泉を有する日本では、観光のなかで温泉観光の果たす役割が大きく、その再活性化が各方面から強く期待されるに至った。従来の温泉観光の与えるイメージが、大型旅館、大浴場、大宴会（場）

別府八湯温泉泊覧会

といういわゆる「大」観光で、どちらかといえば団体客向きのものが中心となっていた。前述のように、観光客の小グループ化、個人化への傾向に対応するため、キメ細かい、定番型でない、選択肢の多い観光に変えていく必要が生じたのである。いわば定食型からアラカルト型への転換である。日本一の温泉圏（県）と自称する大分県の別府温泉が温泉観光の改革に取り組んだのは、このような要請に応えるためであった。

―「新」温泉観光の展開―

温泉の利用動向を分析して今後の対応を検討した結果、次のような方向をめざすことになった。

①温泉を総合観光資源化する。温泉に様々な観光施設（クアハウス等）を付加する。②温泉とまちが連携して、まちの他の観光施設を共用したり、まちなか散

策、まちでの買物やアミューズメントへの参加をすすめ、スポーツイベント等をまちと温泉施設側が共催する。③市内の泉源を連携させ、それぞれの泉源ごとに、その個性を活かした展示イベント等を開催することとしたのである。そして、「別府八湯温泉泊覧会《べっぷはっとうおんせんはくらんかい》（八湯温泊）」と命名、市内8カ所の泉源が同時に博覧会を開催するという演出方法をとり、情報発信に努めた。即ち、観光客が温泉宿から一歩もまちへ出ずに入湯、食事（宴会）だけで終わらないよう、市内全体にその賑わいを行き渡らせるようにし、総合的な温泉都市観光にまで高めることを考えたのである。また、「新湯治《しんとうじ》」と名付けて、従来の単なる慰労湯治型の入湯と食事のみの長期滞在から脱皮して、様々なスポーツ体験等、学習型のプログラムをそこに提供した。

また、長期滞在者向けの魅力的なイベントを催行する等、ここでも近隣地域とも連携して、温泉観光を新しいニーズにそった幅広い総合広域観光へとひろげる努力を重ねている。このような新温泉観光を進めようとする温泉都市の新しい動きが、各地でみられるようになった。

②新しい「食」の観光

「食」は、これまでも観光を構成する重要なひとつの要素であった。しかし、どちらかといえば、観光に付帯するものが中心で、観光に行ったついでに、「食」（名物菓子等）を味わったりみやげ品として買うこと等が多かった。観光地で名物のいわゆる「うまいもの」を食べるということによって観光に付加価値を加える、いわばいろどりをそえるものでもあった。

―新しい「食」の観光の動機―

雑誌、ガイドブックあるいはＴＶ番組等で観光地の「食」の紹介が盛んに行われるようになってきた。また一方、「ふるさとグルメ」等という言葉が一般化し、観光客の「食」への関心が高まってきた。観光地でも地産地消型の新しい「食」の開発が進んだ。

―新しい「食」の展開―

このような動きを受けて、全国的に「グルメコンクール」などのイベントを企画する団体があり、これがヒットして、各地のいわゆる名物を中心に行われた「グルメ」の全国コンクールには、数十万人が集まる大イベントとなった。そして、毎年のコンクールの入賞「食」が発表されると、それを求めて観光客が殺到するようになった。例えば宇都宮の「ぎょうざ」、喜多方の「ラーメン」、甲府の「鳥もつ煮」などがそれである。

「食」の観光にも二つの流れがある。

第1は、「ストーリー型『食』の観光」である。食材の由来（ストーリー）を共有する地域間の連携による広域にわたる「食」の観光だ。例えば、旧軍港の兵食を「海軍グルメ」として情報発信した横須賀の「海軍カレー」、呉、舞鶴の「肉じゃが」、佐世保の「バーガー」（米軍に由来）では、それらが地域の食文化にまで成長、多くの新しい「食」を求める観光客で賑わうようになった。

第2は、「食」の生産から販売までを総合観光資源とするものである。漁場見学（体験）から始まり、魚市場見学、ショッピング、魚料理の賞味、魚の食品加工工場の見学（一部体験）等を、一貫した「食」の観光とする学習型要素の強い「食」の観光が人気を集めている。富山の「ますのすし」が新幹線開業を機に、一段と注目を集める全国的な観光資源として知られているが、この「すし」は右記のような一貫観光に近い受入体制が導入されている。

このように「食」の観光は従来の観光の付随的なものから独立した観光の分野となり、しかも、所によっては大規模な新しい総合観光資源となりつつある。

「新しい観光」は、観光の背景や環境の変化に対応して、既存の観光資源から新しい魅力を発見するため、視点を変え、また手法を変えて、資源にふれることを提案するものが中心であった。

図5-1　「新しい観光」関連図（例示）

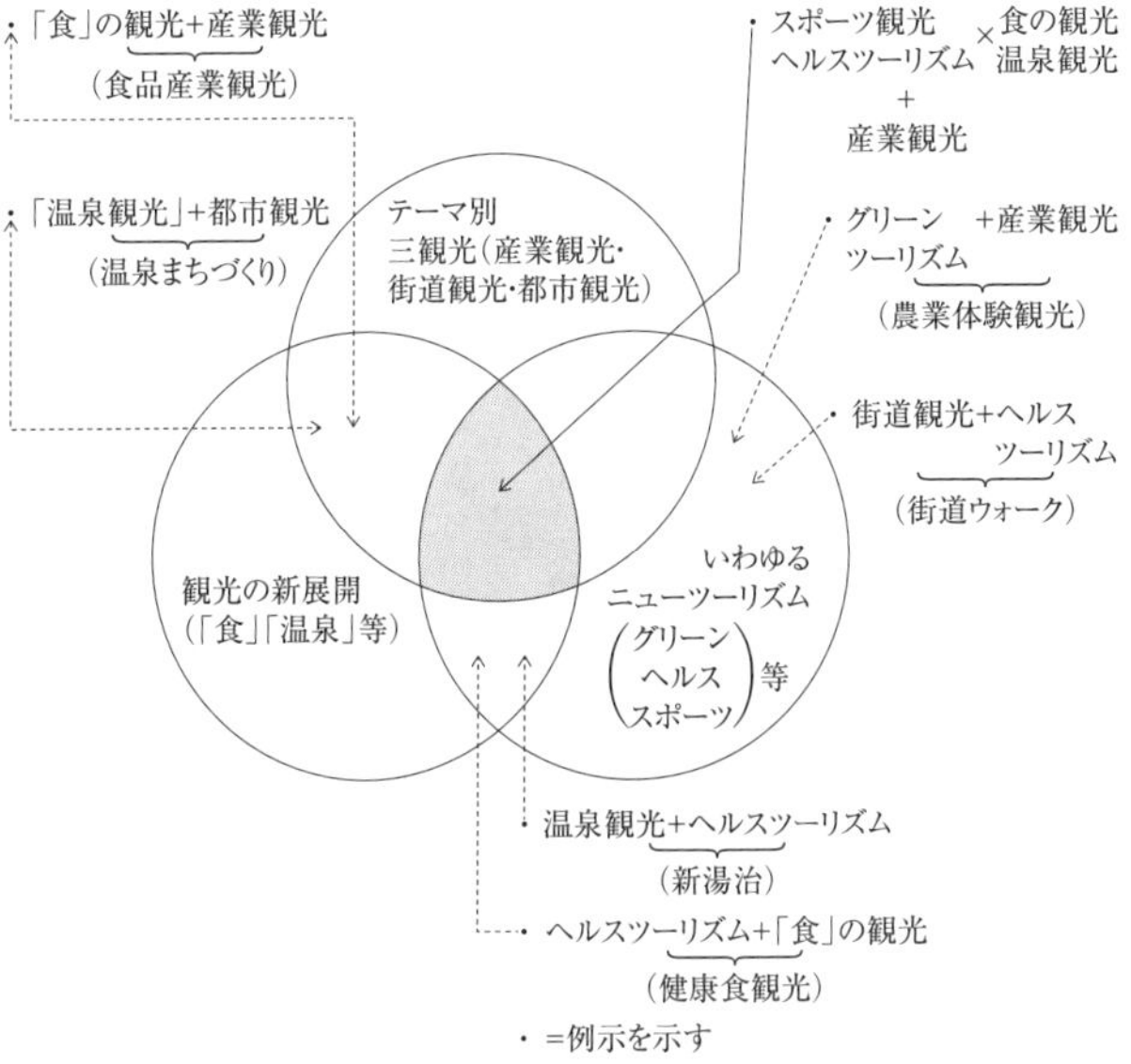

前項で紹介した「新しい観光」はそれらが連携して、より幅広いネットワークづくりまで進み、相乗効果によってさらなる観光資源の開発、魅力の再発見に結びつけようとする提案であった。

図5－1は、新観光の視点ないし新手法の相互関連を示したものである。各手法の接点（三円図の重なり合うところ）を活かし、そこからさらに新しい観光資源をつくり出すこともできる。既に、①「産業観光」（テーマ別）と「ウォーキング観光」（手法別）の接点に「産業観光ウォーキング」という新しい手法と資源を開発した例、②「産業（農業）観光」と「グリーン

（エコ）ツーリズム」の接点に「棚田観光」などの新しい「農業体験観光」が成立した例、③「ヘルスツーリズム」（スポーツ観光）と「食の観光」「温泉観光」等を結びつけた「総合リゾート」の開発などの実例が各地にみられる。

（4）観光基盤の充実・再構築　―新しい観光の一環としての観光産業改革―

観光の構造の項で述べたように、観光を構成し、その効果を高め、かつ持続させるために、「観光（支援）基盤」が大きい役割を果たすと考えられる。「観光立国」実現をめざし「新しい観光」を進めるための観光基盤の充実策を考えてみたい。

ここでは観光基盤の中核をなす観光産業の代表例として、新しい交通運輸、宿泊業、旅行業の方向を考える。同時に、これら相互間の観光客と観光要素、なかんずく観光資源との間を結ぶものとして、観光の血液ともいわれる情報の充実策にもふれる。

①「交通運輸」の新しい方向

観光振興のためには観光インフラといわれる道路、鉄道、空港等、交通運輸施設の整備と機能充実が不可欠である。これらの交通施設のうち、道路、空港、港湾等の基礎施設の整備は国、自

表5-7　主要都府県旅館、ホテル別客室稼働率

（平成27年1月～12月）

県別	全体	旅館	ビジネスホテル	シティホテル
東京都	82.6	59.0	85.3	83.6
愛知県	71.2	31.0	78.0	82.6
京都府	71.3	49.3	83.2	85.7
大阪府	84.8	50.5	86.8	86.8
徳島県	50.4	26.4	67.5	62.3
福岡県	68.4	30.2	71.4	81.0
佐賀県	55.0	47.3	61.9	56.2
全国	60.3	37.0	74.2	79.2

（注）観光庁資料による

治体の担当であり、運営は民間会社によるものが多くなってきたが、建設財源は公的負担が中心である。また、鉄道、バス等は現在一部の地方自治体が経営するものを除いて、ほとんど民間会社の経営となった。従って、公的施策のほか、その改善は鉄道、バス等を運営する会社の経営改善、経営努力に期待することになる。

今後の方向としては、道路相互間、道路と鉄道と空港・港湾等の円滑な連携体制の構築が必要である。そのうえで観光資源の所在地域ごとに、これらの交通機関が各機関の特色を活かしながら、競争から一歩進んで互いに連携し、地域ごとにまとまった観光交通システムを構築する必要がある。さらに、空港、新幹線、高速道の普及発達に伴い、それらの高速交通機関のターミナルから観光地までのいわゆる二次輸送の円滑化、同一域内の観光スポット相互間の三次輸送ともいうべき交通機関を整備することが、今後の観光にとって必要である。交通結節点（ターミナル）

整備（駐車場を含む）も観光地域ごとに進め、それぞれにとって最適の総合観光交通システムを構築しなければならない。

②「宿泊業」の新しい方向

宿泊施設（旅館、ホテル等）については、民間企業の経営によるものがそのほとんどを占める。従って、運営する企業は経営改善、近代化等を徹底し、コストを下げ、サービス向上を期す必要がある。現在、観光客、とくに外国人観光客の急増に伴い、大都市、主要観光地でホテルの需給が逼迫して、なかなか部屋がとれず、観光の隘路とさえいわれている。しかし、その利用状況は施設別、地域別に大きい較差を生じている。

今後の観光推進のためには、宿泊施設、とくにホテルの充実はもとより、需給アンバランスを是正して、施設の有効活用をはからねばならない。ホテルに比べ客室稼働率の著しく低い旅館の活用、地域別アンバランス是正のために、観光客の地域分散等を進める必要がある。このためには、とくに旅館の経営改革（古い商慣習—1泊2食付き契約等の是正、中小規模旅館の経営近代化によるコストダウン等）の努力と、旅館、ホテルの規制水準を揃える等の施策が急務である。また、健全な民泊を増強するため、民泊の秩序ある活用等の施策面での対応も必要となる。このため、宿泊施設全体の法規制の統一等見直しも求められよう。

③「旅行業」の新しい方向

旅行業も民間経営によるものが中心で、全国で1万社以上を数える。しかし、いわゆる中小企業がほとんどで、それらのなかには従来の手数料ビジネス中心の経営から脱皮し得ていないものが多く、経営収支の悪化が懸念される。また、外国人客が急増しているが、それらの多くは海外旅行会社等があっせんしており、日本の旅行会社の海外での活動シェアが低い。このため、日本側が期待するような観光形態をとらない外国人客が多くなり、観光地で受入側との間にズレを生じている。

このため、今後の旅行業は総合的情報産業に脱皮すると共に、国際観光の面でもその活動の幅をひろげることが期待される。

このほか、前述のように最近、観光地へのアクセス手段であった交通運輸手段そのものの観光資源化が急速に進んでいる。各地の鉄道会社による、乗車すること自体が観光目的となる（観光資源となる）観光列車の多発、海外ないし国内での豪華船によるクルージング等がそれである。また、宿泊施設も特定の施設に宿泊すること自体（特色あるホテル、老舗《しにせ》旅館等）が観光資源化する現象が見受けられる。観光産業側でも、このような新しい観光客の受入体制の充実が求められよう。

④観光情報の新しい方向

観光を構成する要素（観光意思、観光客、観光資源、観光基盤）相互を結び、観光の増進とその効果を高めるために、観光情報の果たす役割は大きいものがある。従って、「新しい（効果的）観光」を推進するためには、情報の量、質の充実と、以下に留意しつつ、その適時適切な発信が必要であり、また、情報の発受信、流通チャネルやシステムの整備が急務である。

- 新技術（ICT）活用による観光情報（体制）の刷新（案）

観光行動の動機となる観光意思の形成は、専ら観光情報

図5-2　主な観光情報関連図

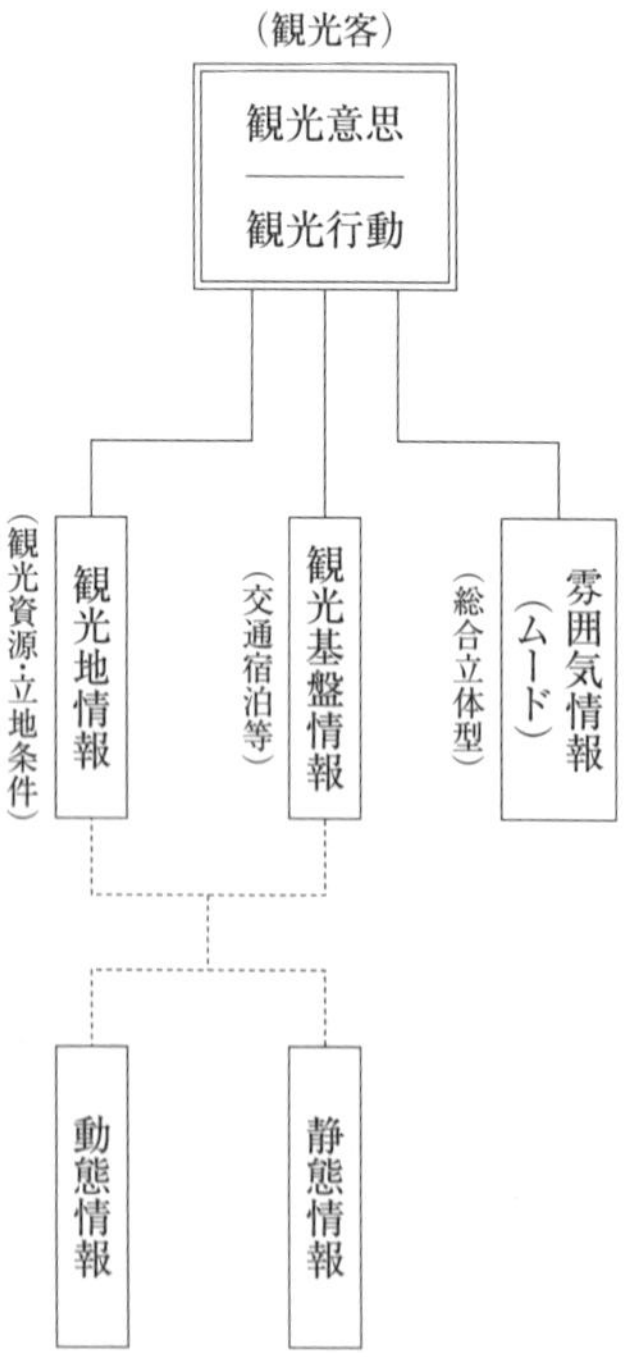

によってなされる。このような観光意思に直接かかわる諸情報は、情報化時代（技術革新）の到来によって量的、質的に格段と充実してきた。音声、映像を含んだ立体的観光情報の提供（伝統的な観光産業含む）、提供主体（ホームページ、各サイト等）の多様化、受信機器（個人端末の普及）の一層の発展が期待される。

次のような新しい情報の拡充と受発信システム整備による活用が、観光活性化のため必要である。以下諸点について提案する。

（新しい情報の例）

・「雰囲気情報」（仮称）への期待――観光地のいわば臨場感を音声、映像も交えて立体的にそのまま現地から発信するものである。観光地の雰囲気（ムード）をライブで伝えることにより、人のこころに訴求して、観光意思形成に直結させることも、ＩＣＴ活用によって可能となった。即ち、立体的情報の提供である。

・「動態情報」の充実――観光地（資源）の現状、観光基盤（交通、宿泊等）の（整備）実態等の静態情報に加えて、動態情報、即ち時々刻々の観光地、観光施設等の動き、とくにその今後の予測（混雑予測、予約状況、交通情報等）、環境（気象、災害を含む）条件の推移と、その予測等の情報を充実させると共に、発信箇所の努力によりこれらをバーコード方式等も活用して幅広く、かつ常設（いつでもアクセスできる）情報として整備していく必要がある。とくに気象、災害等について絶えず最新情報を更新し、適時適切に発信できることが、観光安全のために急務である。

・「相対情報」（フィードバック情報）の充実――これまでは一方向、つまり観光客（需要側）が供給側の観光地（資源）等の情報を求め、観光意思、行動内容の決定に利用する流れが主流であった。ＩＣＴの活用によって逆方向の情報の流れも受信し、顧客の志向（意向）ないし観光行動状況を、観光地（資源）側で把握することも即時に可能となった。これによって供給側では顧客のニーズ、動向、観光地への苦情・評価等々を時々刻々把握することができるので、施設サービスの拡充改善等、受入体制強化にこの情報をフィードバックしていくことが必要である。

即ち絶えず国民全体の観光への志向、希望調査を、ＩＣＴ活用で情報システムを通じて随時顧客情報として収集し、今後の観光施策に活かすことも考えるべきである。

また、顧客側からの情報によって、観光地ごとの顧客「満足度」の即時把握もでき、これもキメ細かい施策にフィードバックすることが考えられる。このような情報の双方向化が、付加価値の高い、新しい観光実現のために求められているといえよう。

（注）鉄道の座席予約は、コンピューターシステムに駅係員や顧客（観光客）から直接アクセスすることによって、即時にどの場所からも可能となった。この情報を逆方向に活用して、予約の進み状況から列車の臨時増発・増結を、輸送システム（コンピューター）により即時手配する方式を一部新幹線等で実用化して、効果をあげている。

課題は、このような多くの観光情報の混在のなかから、参加しようとする観光に際して、観光客が必要な情報をすみやかに特定、検索できるかどうかである。従って、予想される観光行動パターンごとに、情報を顧客の志向に応じてオンラインで即時編集して提供できるような情報活用のシステムづくりと、その利用法の周知をはかることである。即ち、観光情報受発信システムの整備と共に、その利用プログラムを受信側と発信側の協働ですみやかに構築することが求められる。

新しい観光情報の着眼点は、「雰囲気情報新設定」、より幅広い予測重視の「動態情報」の充実、需要（受信）・供給（発信）側の連携による「双方向情報」の活用にあると考えられる。新しいＩＣＴ技術によって、この努力は観光情報革命をもたらし、観光立国の基盤整備にもつながることが期待される。

コラム

マイス（MICE）

「マイス」とは、Meeting, Incentive tour/travel, Convention, Exhibitionの頭文字をとったものである。集会・会議等を意味する。様々な会議・集会、とくに国際会議を「観光」に結びつける動きが国・地方自治体が主導して各地で広がっており、国も目標数を掲げて計画的にその誘致を進めている。

会議・集会はもちろん多くの場合、観光のために開かれるものではない。それぞれの目的（学会、業務上の諸会議等）をもって開かれるものである。しかし、特定のまちで大規模な会議が開かれた場合、それは地域の観光産業に大きい集客効果をもたらす。即ち宿泊・供食・交通機関等への需要が集中的に発生する。もちろん開催地の交流人口も一時的ではあるが増加する。国際会議などの場合は国際観光（訪日外国人客）の増進にもつながる。また多くの場合はアフターコンベンションとしてあるいは場合によれば会議の一環として会場の周辺の観光（旅行・見学等）を行う。このように会議・集会の開催は（全国的ないし国際的規模の場合はとくに）地域の観光増進に大きい役割を果たす。

会議・集会の誘致が地域社会、集客に与える影響に加えて、人的交流の促進によってそこに文化の創成発展も期待される。会議開催の地名を冠にした様々な成果が経済、社会の発展に大きく貢献している事例がこれを物語る。

このような会議・集会の誘致は観光施策のなかで大きい意味をもつ。このためには①受入態勢の整備（交通・宿泊、供食の体制整備、適切な会場設営）、②開催地域内から会合の内容等について情報発信、③会議の開催予定の事前把握と適切な誘致活動等がその成否のカギを握る。もちろん地域をあげて「もてなしのこころ」

日本での国際会議開催状況

（単位：件）

	2010(平成22)年	2011(平成23)年	2012(平成24)年	2013(平成25)年	2014(平成26)年
札幌	86	73	61	89	101
仙台	72	40	81	77	80
つくば地区	69	46	53	51	66
千葉	56	30	32	28	31
東京（23区）	491	470	500	531	543
横浜	174	169	191	226	200
名古屋	122	112	126	143	163
京都	155	137	196	176	202
奈良	33	21	30	31	45
大阪	69	72	140	172	130
千里地区	65	54	113	113	106
神戸	91	83	92	93	82
広島	25	24	37	50	50
北九州	49	38	45	57	73
福岡	216	221	252	253	336
その他	386	302	388	337	382
計	2,159	1,892	2,337	2,427	2,590

（注）統計基準：国際機関・国際団体（各国支部を含む）または国家機関・国内団体（各々の定義が明確ではないため民間企業以外は全て）が主催する会議で下記の条件を全て満たすもの
①総参加者数50人以上、②参加国が日本を含む3ヵ国以上、③開催期間が1日以上
日本政府観光局（JNTO）資料による

をもって参会者を迎えるという住民参加による努力が前提となることはいうまでもない。

国ではこのようなマイスの観光への大きい効果を見込み、国際会議の誘致を観光政策目標に掲げた（２０００年に２０１５年対比50％増加）。現在までのところ国際会議開催件数は順調に伸びてきており、アジア諸国のなかでは上位を占めるに至った。しかし欧米諸国に比べれば依然低位にあるといわざる得ない。

東京オリンピック等の大国際イベント開催が予定される現在、これらを活用してさらに多くの国際会議等を誘致すると共に、国内会議・集会の誘致にも努めることが期待される。

国際コンベンションの国別開催件数

（単位：件）

国　名	2011(平成23)年	2012(平成24)年	2013(平成25)年	2014(平成26)年	2015(平成27)年
アメリカ	(2) 744	(3) 658	(2) 799	(1) 858	(1) 970
韓国	(6) 469	(5) 563	(3) 635	(4) 636	(2) 891
ベルギー	(5) 533	(4) 597	(5) 505	(2) 851	(3) 737
シンガポール	(1) 919	(1) 952	(1) 994	(3) 850	(4) 736
日本	(3) 598	(2) 731	(4) 588	(5) 625	(5) 634
全体	10,258	10,000	10,696	11,780	11,864

（注）（　）内の数値は当該年次の順位

国際団体連合（UIA）資料に基づき、日本政府観光局（JNTO）が作成

国際コンベンションの都市別開催件数

（単位：件）

	2011(平成23)年	2012(平成24)年	2013(平成25)年	2014(平成26)年	2015(平成27)年
シンガポール	(1) 919	(1) 952	(1) 994	(1) 850	(1) 736
ブリュッセル	(2) 464	(2) 547	(2) 436	(2) 787	(2) 665
ソウル	(5) 232	(5) 253	(4) 242	(5) 249	(3) 494
パリ	(3) 336	(4) 276	(7) 180	(4) 325	(4) 362
ウィーン	(4) 286	(3) 326	(3) 318	(3) 396	(5) 308
東京	(7) 153	(6) 225	(5) 228	(6) 228	(6) 249
バンコック	(21) 88	(29) 65	(32) 55	(9) 189	(7) 242
全体	2,159	1,892	2,337	2,427	2,590

※数値は全て発表年のもの

（注）（　）内の数値は当該年次の順位

UIA統計基準：

1：国際機関・国際団体の本部が主催または後援した会議※

①参加人数50人以上、②参加国数3ヵ国以上、③開催期間1日以上

2：国内団体もしくは国際団体支部等が主催した会議

①参加人数300人以上、②参加国数5ヵ国以上で最低40％が国外参加者、③開催期間3日以上

※主催者が「国家機関・国際団体」でないと判断された場合でも、会議名・展示会併設の有無・事務局の有無等の情報を総合的に勘案し、1に該当する会議をみなされる場合もある。

国際団体連合（UIA）資料にもとづき、日本政府観光局（JNTO）が作成

日本国際会議開催件数の推移

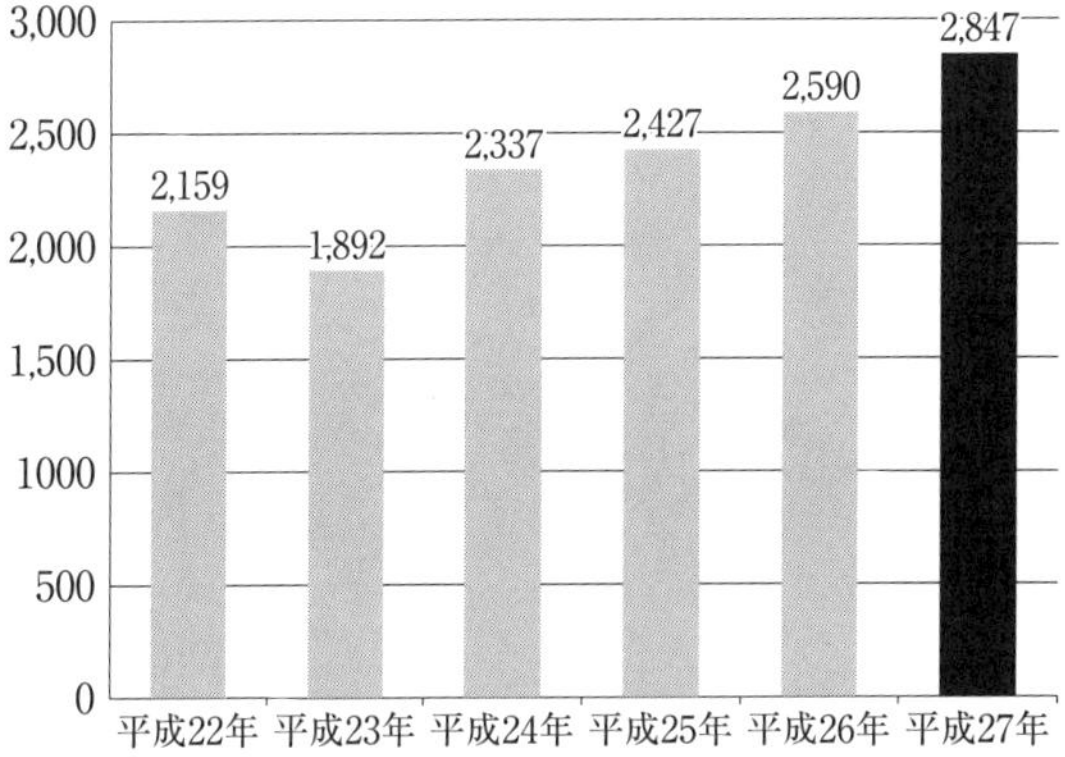

（注）・日本政府観光局（JNTO）資料による
・民間企業以外の機関・団体が主催する国際会議のうち参加者数50人以上、参加国3ヵ国以上のものを示す
・2015年の参加人数は1,766,798人

第6章

観光を"つくる"

―持続的観光へ―

観光で地域を活性化させるためには、観光を経済行動（事業）としても定着させ、持続性のあるものとする必要がある。

観光を経済行動（事業）として展開する場所は、従来は観光資源に恵まれたいわゆる「観光地」が中心であった。しかし、観光ニーズの多様化によって、また交通機関の発達や情報の充実に伴い、現在では、地域の「光」（特色ないし美しいすぐれたもの）が存（潜）在し、それが非日常的な存在（観光しようとする人にとって）である限りは、極端にいえば、"どこでもいつでも"観光できると考えられるようになった。

都会ではあまりにもいろいろなモノ・コトがあふれ、むしろ"何もない"ことがかえって新鮮な印象を与えるためか、最近は「何もない（自然のほかに）ところ」が、「秘境」というイメージで多くの人が訪れるようになって、新しい観光地となったところさえある。極言するならば、観光資源（候補）は無限にどこにでも潜在しているといってもよいと思う。

従って、観光資源として多くの観光客を誘致しようと思う場合は、その対象について、着地側からどのような情報が発信できるか、どのようなストーリーで説明されるかにかかっているといえよう。各地域の人々が、自らの身のまわりを観光客（よそもの）の目線に立って見つめ直し、観光対象となる可能性のある場所（モノ・コト）を再発見することから、観光は始まると思う。

しかし、観光（地）として情報を発信する以上、それを持続的な観光としなければならない。即ち、経済行動（事業）として長期的にも十分成り立つという見通しが必要である。従って、様々な経緯と手順で観光候補地を、いわば売り出す場合には、将来の可能性等についての事前検証が必要である。

経済行動（事業）として立ち上げるには、需要がどれだけ見込めるか、需要はどのような方面から期待できるか等の「市場調査」によって、その需要予測を定量的かつ定性的に行うことが、まず必要である。次に、経済行動（事業）として始動するための素材づくり、即ち「商品計画」が必要である。商品計画ができたならば、それを活用してもらうための活動、「販売促進」の段階にうつることとなる。このように「市場調査」、「商品計画」、「販売促進」という普通の事業活動と同じ手順で、観光を考える必要がある。

注意すべきは、観光という事業の性格上、定量的な把握の困難な分野が多いことである。また、数値データ等も、観光が重要国策として幅広くとりあげられて日が浅いこともあって、その蓄積が不十分である。このことは、観光が「観光動機」という人間の心に内在するものが出発点になるため、観光意思の有無、その内容等が外から定量的（数値的）に把握しにくいことによる。例えば、国内の観光客総数はいまもって正確に把握できていない。それは外見からは、旅行宿泊客がビジネス・私事旅行によるものと、観光によるものとに明確に区分しにくいことによる。

また、起業の際の重要な資料となる国の産業別の統計には、「観光産業」という項目はない。様々の産業別統計のなかから観光のウェイトの高いと思われるものを抽出して、推計するほかないのである。従って、観光データの数値に過度に依存することなく、実態を現地に赴いて検証する観光地の実態調査等も、併用して行う必要がある。

コラム

「無」の観光

禅問答のような話題であるが、最近「何もない」ことがひとつの観光資源となって、多くの観光客を集める現象が起こりつつある。

発端はある週刊誌が「何もない駅」として静岡県の民鉄の駅を紹介したことにはじまる。電源開発の資材輸送のためにつくられた駅が資材輸送終了後も残っていた。しかし、駅周辺に集落がないこともあって乗降人員はほとんど「0」となった。駅周辺に人家もなく店もなく畑もない、車の通れる道もない。「あるのは自然（みどり）のみだ」という記事が掲載された。これを機に週末にこの「何もない」駅を訪れる人が増え、週末は1日数百人に及んだという。ほぼ同時期に「秘境駅ランキング」というものを発表した人があった。全国の各鉄道の駅から駅周辺に何もなく、利用客も「0」に近いような駅を閑散度合、周囲の状況等を調べて、ランクづけをしたところ、その上位（？）の駅には少しずつ週末に訪れる人が目立つようになった。これを逆手にとってJRが「秘境駅列車」と名付けてシーズンの週末ツアーを募集したところすぐ満席となり、今では春秋の週末に何本かの臨時列車を定例的に運転するまでになった。飯田線豊橋～飯田間の「急行」列車「飯田線秘境駅号」がそれである。途中、天竜峡～中部天竜間にある千代《ちよ》、金野《きんの》、田本《たもと》、為栗《してぐり》、中井侍《なかいさむらい》、小和田《こわだ》等の各「秘境駅」では10～20分停車、駅周辺の散策を楽しめるよう工夫した。いずれの駅も1日の乗客平均10人以下という駅で、集落も、店もなく車の通る道までも遠い駅であるが、駅周辺に残るゆたかな自然が観光客の目と心を楽しませ大きい観光効果をもたらしている。「何もないというが、何もかもありすぎる都会人にとっては非日常的でかえって新鮮だ」との声が聞かれる。観光は地域の特色－「光」を心をこめて観かつ非日常的体験をすることと考えた場合、この「非日常的」な「何もない」ことが貴重で、また何もないことから周辺の自然がとくに美しく見えるということであるらしい。各地で「観光客を誘致したいが観光資源が何もないのでできない」等の声をよく聞くが、「何もなく」ても情報の発信いかんによっては観光対象となり、そこを訪れた人に感動を与える立派な観光資源となることをこの事例は示している。「何もない」－「無」こそ究極の観光資源ないし観光資源の原点なのではなかろうか。

秘境駅（小和田駅）

（注）「千代」「金野」「田本」「為栗」「中井侍」は長野県、「小和田」は浜松市天竜区にある

（1）観光「市場調査」

経済行動としての観光の「市場調査」は、①入込客数、宿泊客数等の需要（見込み）と、②観光行動が展開される市場の実態調査によるサービス、物販等の供給見込み、③背景となる地域の経済情勢の把握から出発する。そして、背景となる経済指標（国内・県内総生産、人口、産業生産額等の基礎的経済指標、為替相場、金融市況等）と観光実績数値との関連（相関度）分析に進む。

その結果を受けて、①事業規模を決め、②事業のための投資、所要経費、要員配置、物資調達規模等を推計することを経て、③事業計画を策定する。

観光地単位でこの調査は行う。地元住民、来訪者へのアンケート（抽出式の場合も）、聞きとり調査等によって、観光対象となるものの実態を把握する。また、自治体等で地元住民によびかけて、公募（コンクール方式も）等によって、地元に観光資源（候補）があることを住民から提案してもらう方式も併用する。

（注）岐阜県がこの方式で資源候補を公募したところ、1000件をこえる応募があり、このうち約30件を選考委員会で資源（候補）としてリストアップ、うち数件は観光資源として県が調査検証のうえ認定し、情報発信して、その所在地の一部を観光地とすることに成功した。

要するに、地域ごとに観光資源の存（潜）在について、実態調査や聞きとり調査により徹底した棚卸し（調査）をすることである。

①観光需要分析

観光需要の特徴として、①需要源が広範囲にわたること、②季節、曜日による需要波動が大きいこと、③天気、景気に左右されやすいこと、④休暇（余暇時間）の実態と、⑤地域内交通機関の状況等に影響されやすいことが指摘される。手順として、まず総需要の調査を行い、その後、地域ごとに様々の特性値を加味して、推計していくことになる。

・国内総観光需要の推計

全国の観光客総数が正確に把握できない状況下では、観光総需要は、定住人口に毎年公表される一人当たり旅行回数（推計）を掛けて総需要を推定するほかない。この数値と、観光に影響することの多い所得水準、余暇時間等の推移と過去の観光実績との相関関係を地域ごとに求め、その集計数値（相関度）の推移から、今後の総観光需要を推計する。

・観光誘致圏の想定

当該観光（候補）地へ観光客がまとまった数で誘致できると考えられる観光誘致圏を推定する。日本観光振興協会の調査によると、日帰りの場合、到達所要時間が片道1・5時間以内、宿

図6-1　観光需要量調査概要図

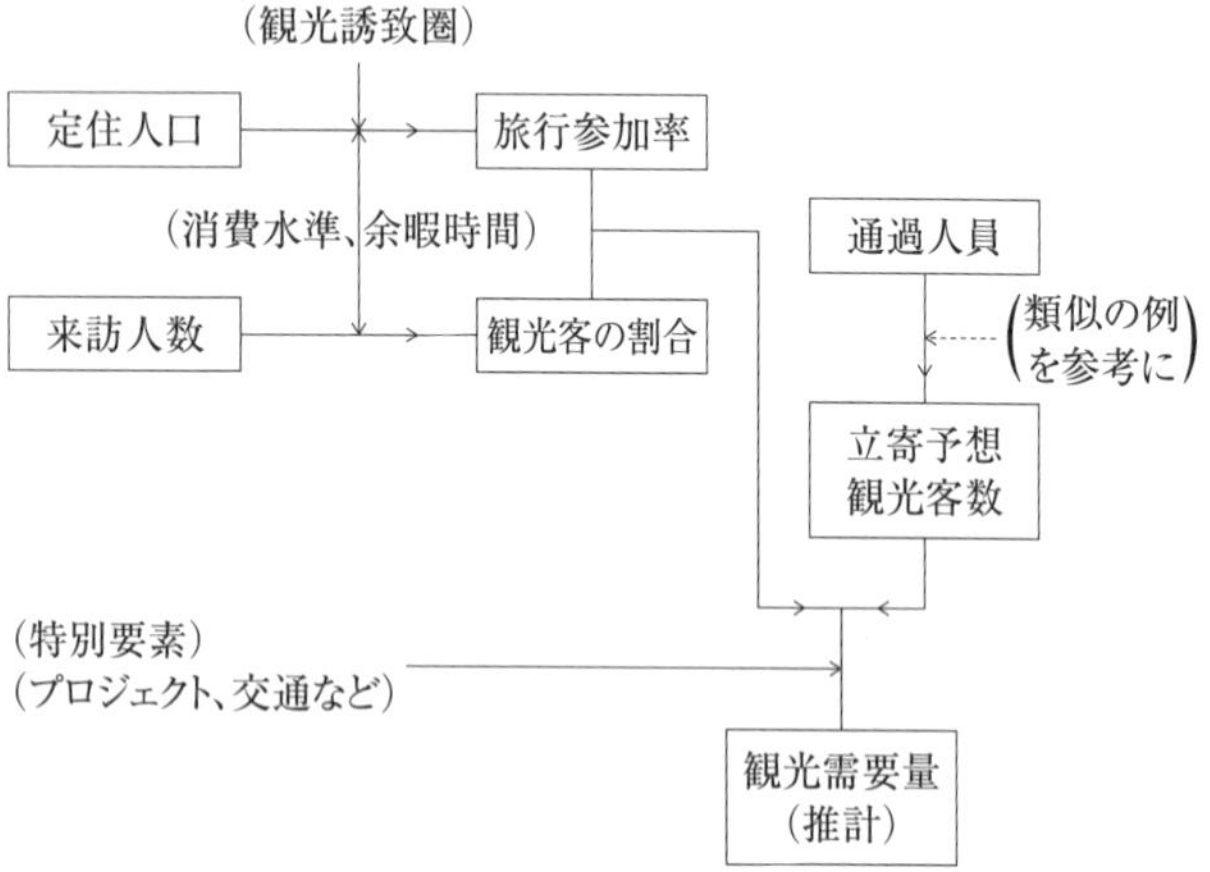

泊（1泊）を伴う場合は片道約4時間の範囲内が、誘致圏とされている。

当該観光（候補）地の誘致圏内の人口を求め、観光参加率（平均旅行回数として公表）を掛けて、これを需要見込みと考える。当該地域の所得水準、余暇時間の実態（地元自治体、経済団体等で調査しているところが多い）との相関を考慮して修正する。

・一般来訪客数から観光への誘発客推定

いまひとつの手法として、観光対象の存在するまち（都市等）への平素の来訪者数から観光需要を推計する方法がある。まちそのものを観光資源とする都市観光の場合は、この手法が適当である。

まず、まちへの来訪者数を市町村の統計から把握する。（場合によっては、そのまちの鉄道駅の定期外の下車客数）、高速道インターチェンジの乗用車の出場台数をとり、別途毎年何回かの抽出式のアンケートないし聞きとり調査によって、観光客とその他客の割合を推計して、観光客数を把握するものである。もっとも、観光都市といわれるまち等ではビジネス客の割合が小さいので、通勤通学を除くすべての来訪者を観光客とみなして、その将来値を推計することも考えられる。

このような過程を経て得た数値を過去から時系列でとり、所得水準、余暇時間推移等との過去の相関度を算出する。将来の経済指標の推計値は公表されているものが多いので、それとの相関度から将来の観光需要を予測することができる。

なお、このような想定値の算出にあたっては、それぞれのまちの特殊事情（地域開発計画、振興計画の有無や進行見込み、交通機関の整備善計画、新線開通等）を勘案して、修正することが望ましい。

②観光効果予測

観光（事業）を展開するかどうかの判断は、それによる様々な効果の予測を行い、必要な投（出）資と運営経費予測との関連を把握することが必要である。即ち、事業等の費用効果分析である。

・経費効果予測
まず、地域経済への効果を調査予測する。先述のようにして算出した需要人数（予測）に、一人当たりの平均消費額見込みを掛け合わせて算出する。一人当たり観光消費額は、毎年全国数値（実績）が公表されるので、それによる（特定の地域内での消費率も、多くの地域で算定されている）。観光（候補）地でこのような地域別数値が得られない場合は、近傍類似の他地域の数値を参考にして推計する。

図6-2　観光消費の波及想定図

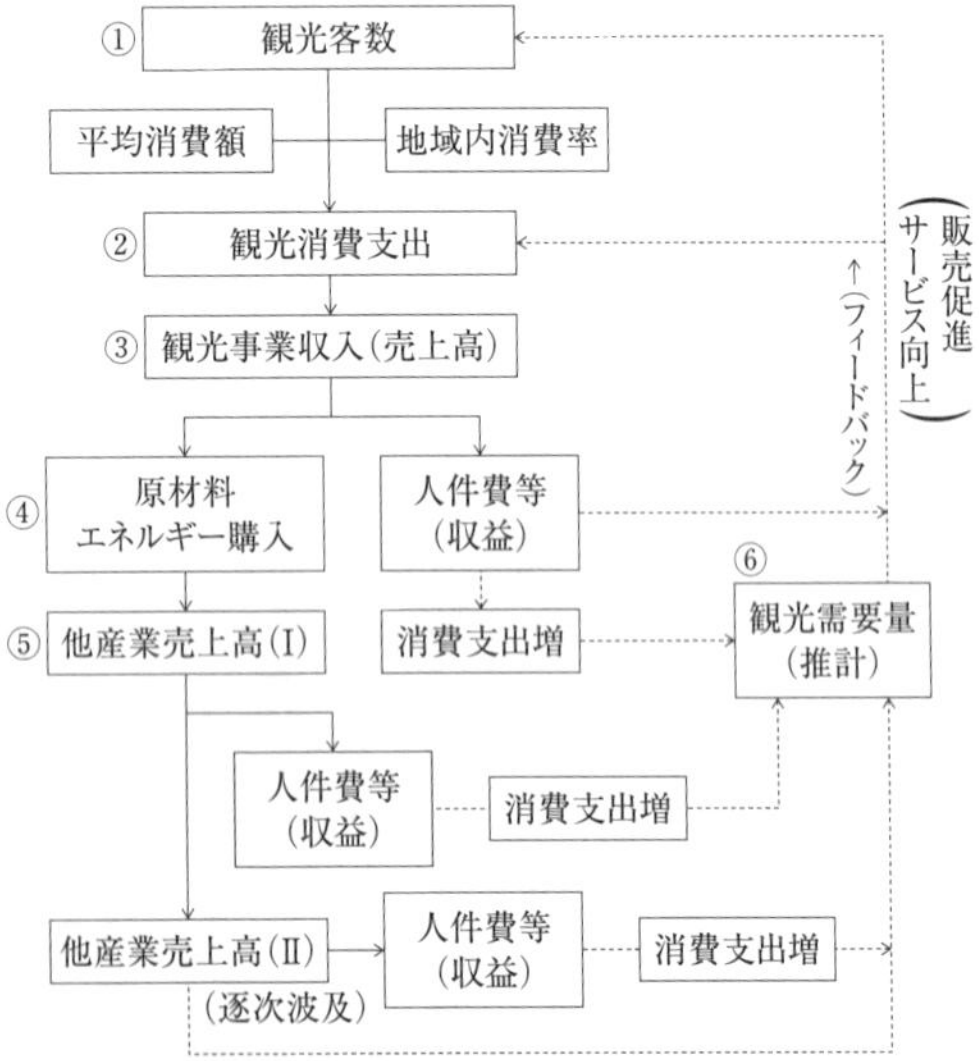

（注）1：⑤以降さらに3次4次と波及することが多い。
2：③－⑤の過程においても域内消費率を想定する。
3：このような循環がさらに観光消費増を誘発する。

・波及効果予測
観光には消費支出が伴い、これが地域経済に幅広く波及していく。即ち宿泊代、食事代、みやげ物購入費支出等で、観光産業を通じて地域にもたらされる収入である。観光産業はそのために原料仕入れやエネルギー、サービス等を他事業者から購入する等、地域に資金の循環が起こり、幅広く経済効果が波及して、関係地域経済の活性化につながっていく。この効果を定量的に把握するには、次の手法による。

―産業連関表によるもの―

産業連関表とは、産業の各部門がそれぞれどの部門から財貨をどれだけ購入したかがタテ欄に記入される。そして、どの部門にどれだけ販売したかをヨコ欄に記入して作成した数値表で、ひろく国全体や地域の経済行動分析のために用いられるものである。国全体の表のほか、各県別のものが公表されており、主要都市（観光都市）でも作成公表するところが増加してきた。この表に具体的数値を当てはめて、波及効果を推計する。

―乗数効果分析によるもの―

観光に伴う最初の支出が連鎖状に様々な部門（業種）にひろがって、新たな所得を各部門に生み出していく。その過程を分析し、各部門での原所得からの波及率を算出、これによって地域への波及効果を予測するものである。各地で提唱されている地産地消（その地域の産物をその地域で販売、消費する）は、この循環が地域内で完結することを意味し、地域活性化への寄与度が大きいことになる。このように、新しく始めようとする観光が地域にもたらす経済効果等を予測して、新しい観光への取組みの可否を判断することが必要である。

（2）観光「商品計画」

事業として観光を発展させるためには、観光の「商品」化が必要である。「観光商品」とは、観光資源にふれ、それを味わうという観光と、それに付帯する様々な観光客の受けるサービス等をまとめて、いわば「商品」として組み立て、造成して顧客に提供することをいう。

旅行会社等が販売するいわゆる「パック旅行」等がその典型といえよう。観光に関する諸サービスの利用権がそこにまとめられており、様々なサービスと共に、それに伴う情報もあわせ提供される。また、観光客側からみると、観光諸サービスへの対価支払いとして「商品」を購入することになる。様々な観光施設、観光産業等との間の契約、予約、支払い等の行為が、「商品」購入によって一度に代行（充足）されることになり、観光の普及促進はこの商品計画の良否にかかっているとさえいえよう。

（注）パック商品―総合商品利用のほか、個々の観光についても、その観光の一部に単品として個別に

対価を支払って参加する場合も多い。例えば個々に交通機関利用、見学、入場、入浴等を伴う観光が多い。この場合は、その各々の利用について無形のサービスという商品を購入することになる。一方、無料で観光する場合、食事、宿泊もせず、交通機関も使わず、入場無料の見学のみの場合は商品の概念は成立せず、経済行動としての観光は成立しないことになり、文化行動としてのみの観光となる。

以下、もっとも多く利用される総合商品―企画型商品の造成について、造成の着眼点を示す。

①ニーズにふさわしい商品（企画）を

観光客のニーズを絶えず事前に把握、それに適合した商品を造成する必要がある。例えば、近年観光客の傾向は、「見る」観光から一歩進んで「学ぶ」、自ら何かを「体験する」観光へのニーズが高まってきている。従って、それにふさわしい行動型（様々な観光地でのイベント、アクション等への参加等）の要素の大きい商品が望まれている。即ち、ニーズを反映した「見る」「学ぶ」「体験する」、いわゆる三位一体の観光が可能な立体型観光商品を組み立てることである。同時に、幅広い観光情報の普及に伴って、ニーズや需要形態が人によって様々なものにひろがっているので、オプション（付加サービス）の選択も可能な、幅のある商品造成が求められている。

②着地造成型の商品を

地域の特色を活かした、いわば地域の香りの高い商品として、着地造成の観光商品への評価が高まっている。即ち、手づくりの産地直送型消費ともいうべき地方造成の商品がそれである。観光地（着地）のホテル、観光団体等が着（宿泊）地周辺の手近なサービスをまとめた小型の旅行商品を開発造成し、これを宿泊客にホテル等で発売、観光地で当初の予定に追加して観光をしてもらえるようなキメ細かい商品を販売することも期待されている。旅行業法の改正で、このような着地型商品を着地でも造成販売できることになった。

コラム

山車・からくり街道

東海・北陸地方を中心とする中部地域には長い伝統をもつ「まつり」が多く伝わり地域の重要な観光資源となっている。とくに近年、歴史観光への関心が高まり、人気が急上昇してきた。

「山車・からくり」まつりは歴史的経緯があって東海・北陸地方に集中的に伝承されており、国連教育科学文化機関（ユネスコ）の無形文化遺産にもなっている「山・鉾・屋台行事」のなかにも16件が入っている。全国に約1100の山車まつりのうち東海約200、北陸約100が集中しており、この地方が「山車・からくり街道」とよばれている所以である。なお「からくり」が搭載されているものは全国約250のうち中部地域で約200を占める。

その理由は江戸時代、庶民文化振興をかかげた徳川宗春（尾張藩主）が主導して、京都の山鉾まつり（祇園祭）の盛況をみて山鉾の制作にかかる職人を招き、東海地方に移住させてこのまつりの普及をはかったことにあるといわれる。とくに東海地方のものは「からくり人形」をのせる「山車」が多く、その精巧な機械の動きがまつりに趣をそえ多くの観光客を集めるようになった。

現在「山車」「からくり」人形は日本の木工芸術の粋

といわれ様々な趣向によるこのまつりの伝承は、民俗文化財としても高い価値が評価されるに至っている。

しかし近年の人手不足等からこのまつりの催行が困難になってきた地域もあり、また観光客誘致を考えて催行日程の調整等によって多くのまつりをより見やすいまつりとして長期滞在型の観光に結びつけたいとの動きが出てきた。このため自治体、観光団体、旅行会社、まつり保存会等が参加する「山車・からくりと観光地域づくり推進協議会」を立ち上げ、本部を名古屋におき日本観光振興協会を事務局としてこのような要請に応えることになった。同協議会はまつりについて、①情報の収集と共同発信、②コースと催行日等の調整、③行事催行のための支援（要員の支援・相互応援等）、④山車、からくりの保存への支援、等を幅広く進めることとなった。まつりをもつ都市や観光団体等数十箇所が加盟して平成28年度から活動を開始し東海北陸の山車・からくりパンフレット、マップを作成配布、インターネット（ＨＰ）での情報発信を始めた。今後は外国人観光客の誘致にも努めると共にモデルコース、周回コースの策定、観光商品設定等のマーケティング活動にも取組み、「山車・からくり」まつりの保存啓蒙と観光資源としての幅広い活用に努めることにしている。

（3）観光「販売促進」

商品を造成したら、また観光地を開発したら、それを販売して観光客を誘致することにつなぐ必要がある。物品販売と同じように、観光商品についても販売・宣伝広告が重要な役割を果たす。

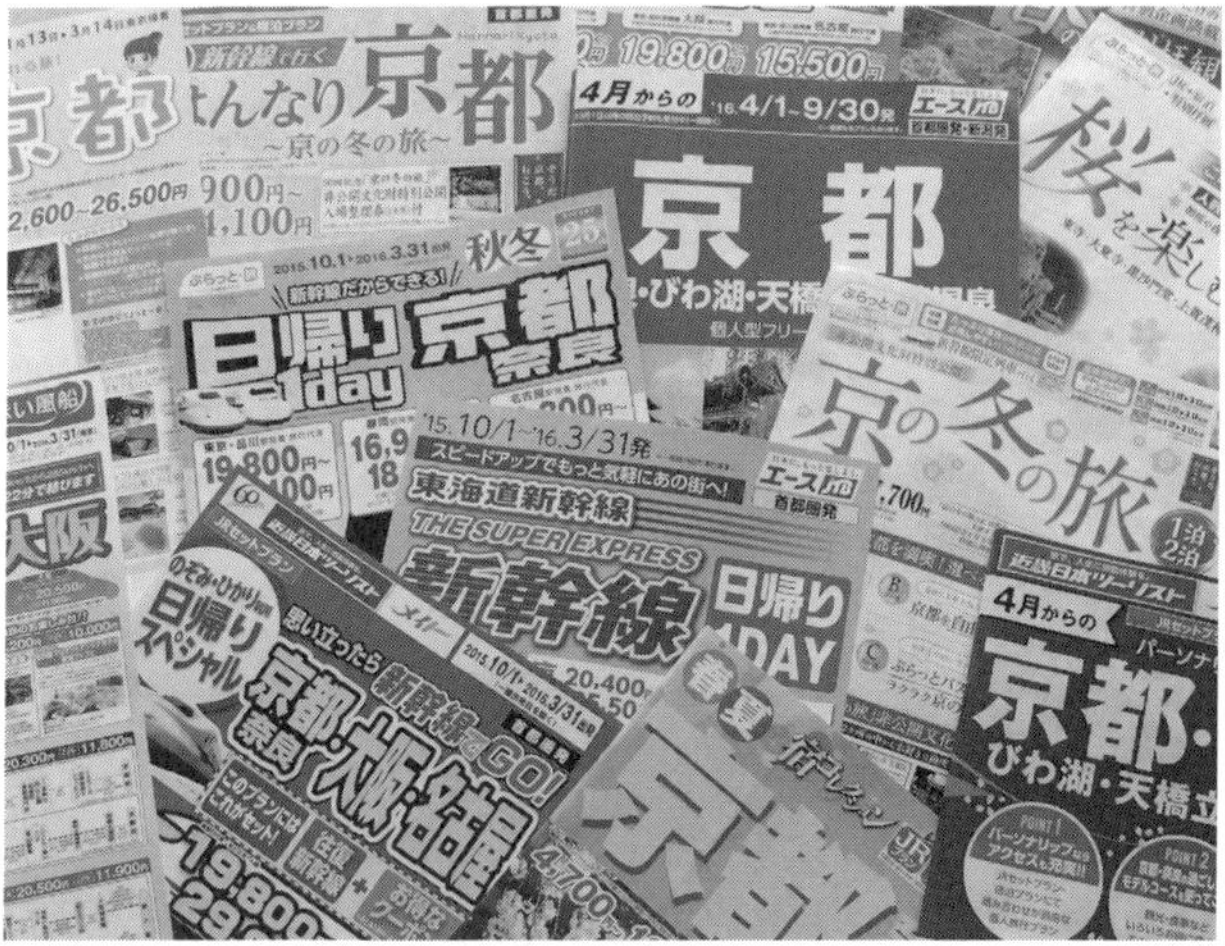

観光パンフレット

①宣伝広告（広報）

「観光」という商品を売るものである以上、商品の品揃えと共に、宣伝広告（公的機関の場合は広報ということが多い）が前提となる。

• 観光ブランドづくり——観光地なり観光資源への誘因になる、いわゆる「売り」のポイントを見つけること、即ち宣伝の目玉づくりがまず必要である。特定の地域に当てはめると、地域のブランドづくりがそれである。例えば地域の「緑」「水」を強調するとか、まちの「賑わい」を強調する等である。「水都」「泉都」などといわれる既成観光地は、明確なブランドづくりの結果、多くの観光客を誘致してきた（最近でも、「温泉県」「うどん県」など、特色あるいわば観光の売りを県の観光ブランドにして、効果をあげた例がある）。

・組織的宣伝活動展開――ブランド決定のあとは、具体的活動に入る。まず、カタログ等、資料整備から始まる。紙の媒体だけでなく、インターネット等、電子媒体も大きい役割を果たす。観光客の行動範囲が急速にひろがっていることを考え、でき得れば近隣他県、他市、外国等とも連携し、広域的視野に立ったものが望まれる。受信側のニーズも考え、分野別、対象国別に内容を変えて対応するキメ細かい対応が望まれる。

各地のイベントを活用した組織的宣伝も必要である（各地の観光フェア等のイベントの活用、各地の観光見本市、国際行事等がある。全国行事の「ツーリズムＥＸＰＯジャパン」などへの参加は、観光宣伝の好機である）。永年にわたって続いている県別に地元企業、観光団体、地方自治体連携で行ういわゆる「デスティネーションキャンペーン」（特定地域を各自治体、参加企業が連携して、共通ポスター等によって集中宣伝を行い、そのための観光商品も多数設定）も、観光宣伝の年中行事として定着してきた。

コラム

ハッピーマンデー

「観光」は主として余暇を活用して行う行動である。余暇のなかで日本では有給休暇の活用（消化）率が欧米諸国に比べてきわめて低いことが指摘されている。国民の祝日や週末（毎土日曜）利用の観光客が多いため年末年始や連休に集中する傾向が強く、観光地の曜日、時期別の波動を大きくしており、混雑時には落着いた観光がしにくいのが現実である。このため連休等のほかになるべくまとまった休みがとれるようにしたいとの要望が強い。そこで平成12年から「国民の祝日に関する法律」の一部改正によって可動祝日の制度が始まり、年4回の新しい連休ができるようになった。即ち成人の日（1月15日）、体育の日（10月10日）を手はじめに、その後敬老の日（9月15日）、海の日（7月20日）を追加し、現在は4祝日を曜日並びとの関係を考慮した可動祝日としている。

1月、7月、9月、10月にある当該4祝日につき日を固定せず、「成人の日」「体育の日」はそれぞれその月の第二月曜日に、また「海の日」「敬老の日」はそれぞれその月の第三月曜日に移すこととされた。従ってその場合、土・日・月曜（祝日）の3連休が年4回新設されることとなった。月曜があらたに祝日となることから、この改正法は「ハッピーマンデー法」ないし「三連休法」等と呼ばれた。観光地への入込客がこの制度改正で増加し、これまでのゴールデンウイーク（5月）などの集中混雑を緩和する効果もあり、観光関係者達からこの改正は歓迎されている。

しかし、新しい課題も生じた。それは曜日によって仕事の内容の変わるビジネスや行事また学校での月曜日の授業に影響することだ。土・日・祝日等に臨時出勤や補習授業を行う等の措置が必要となる等、一部にとまどいも生じている。

この制度は勿論、観光推進にプラスの効果はもたらしたが、前述のような問題もあり、これ以上ハッピーマンデーを増やすことは困難と考えられる。抜本的な対策としては年次有給休暇の取得率（現在40％台）を高める努力と休暇をとりやすくするような環境をつくり出すことである。ハッピーマンデーはいわば緊急対策であったが、実施後十数年を経過した現在、この制度の実績、効果等を分析のうえ休暇制度全般のあり方を抜本的に検討し直す時期が来ているように思う。

②販売手法

一般商品と同じように、直接販売（直販）と委託販売がある。

・直接販売――観光客が観光商品を、旅行会社等を介さず、直接インターネット等を通じてサービス提供者から購入することが多くなってきた。また、前述したように、着地型の小型商品等は、観光地の観光関係団体等が造成したのち、そのまま着地で直接販売することも認められるようになった。小型商品の直販は、地域が観光客の意図を販売を通じて直接把握できるので、販売者がそこから事後の商品計画のヒントを得ることができる。しかし、大量に販売する場合は大規模な広告宣伝を必要とするので、宣伝力が小さくなりがちの直販にはなじまないと考えられる。

・委託販売――旅行商品は、これまで委託販売が中心であった。例えば、旅行会社は観光地（着地）から観光サービス等を化体した商品（交通、宿泊施設等を利用する権利）を仕入れ、それを集約して企画商品に造成して販売する。即ち、地域の観光施設等は自らを利用する権利を商品として旅行会社に委託して、結合商品等に組み立てて販売してもらうかたちをとる。旅行会社は販売チャネルをもち、自らもある程度の宣伝力をもつ組織であるから、大量販売にも対応できる。また、大量仕入れ販売によるいわば量産効果もそこに期待できる。

課題としては、画一的かつ発地目線での商品造成販売に陥らないことと、販売する旅行会社には極力手数料を下げて、商品メリットを高めるため、自らの経営改革への努力も求められることである。

ＩＣＴ機器の普及に伴い、観光客の商品購入手法の変化が進んでいる。観光客が直接観光地と交渉して、いわば手づくりで自家用商品（？）をつくってしまうことさえある。一方、旅行会社の販売する観光商品について、着地の意向を十分反映していないものは競争力がなく、売れ筋商品でなくなりつつある。旅行会社は、発着地の連携した商品造成に努めることが必要だ。今後、旅行会社は、観光客に旅行会社ならではの情報の幅広い提供を行って、そこから対価を得ることも含め、総合情報産業に脱皮していくのではなかろうか。直販と委託販売という伝統的区分も、ひとつの転換点にさしかかっているのではと考えられる。

(4) 観光を"つくる"組織

観光は、様々な業種が、様々な地域で、多くの人も参加して進められている。しかし、観光の性格上、観光への取組みや事業が直ちに収益に結びつかないものも多い。また、多額の事前投資が必要なことが多く、国・地域づくりと密接な関連をもつこと、国際的な展開が求められることから、国、地方自治体(県市町村)等、公的機関が主導して観光が進められることが多かった。従って、それらの公的主体の観光業務を分担するものとして公設の観光団体が設立され、地域における観光の推進母体となって発展してきた。

「観光立国」の旗印のもと、国が観光を国策の柱として掲げ、その発展をはかることになった現在、公的機関のみならず、地域に密着している民間の手で、幅広く観光推進をはかることが強く求められるようになった。国をあげて、いわば国民運動として観光を展開させるためにも、それが必要と考えられる。観光を"つくる"ため、これまで公的施策の実行機関として一定の役割を果たしてきた公的団体も、幅広い官民一体の観光を進めるための橋渡し役、調整役としてもその活動が期待されるに至った。

コラム

〝ゆかりの地〟観光ネットワーク

平成28年7月、〝ゆかりの地ネットワーク〟と命名された新しい広域観光推進のための連携組織が発足した。

福島県会津地域は戦国時代から松平氏が藩主として地域振興、民政安定に努め、多くの歴史文化遺産を各地に残した。会津地域には今も若松城址をはじめ多くの史跡・遺跡が現存し、とくに戊辰戦争の白虎隊の事蹟は歴史ドラマの題材ともなり、多くの人々に知られている。近年の歴史観光への関心の高まりもあり、多くの観光客を集めるようになった。

東日本大震災の影響を受けて福島県各地は風評被害も重なり観光客の減少が目立つ。このため東北観光の復興をより幅広く地域連携の観光で実現させるべく、また歴史観光へのニーズに応えるため標記の観光推進への広域連携への〝しくみ〟づくりに取り組んだ。

会津藩ゆかりの地域でエリア内に多くの史跡等を中心とする観光資源をもつ地域が結集し、歴史観光ネットワークを組んで情報を共同発信するほか、モデルコースの策定、受入体制整備に相互に連携してあたろうとするものである。

会津若松商工会議所（宮森泰弘会頭）が呼び掛け人となり、江戸幕府と会津藩ゆかりの歴史観光都市（会津若松、函館、余市、むつ、米沢、日光、横須賀、静岡、浜松、岡崎の各商工会議所）がメンバーとなったほか、日本商工会議所、京都商工会議所が協力参加した。発足式は平成28年7月、商工会議所全国観光大会の開かれた京都で行われた。加盟各会議所の会頭等が出席、会津松平家14代の当主、松平保久氏も出席、このネットワークの活動に期待し、かつ参加協力、相互支援していく旨の決議が行われた。

観光は観光客の行動範囲が交通機関の発達等によってひろがってきたことに対応すると共に、多くの観光地がネットワークを組み魅力の相乗効果を狙うことが必要である。このため多くの情報を共同して発信すると共に、受入体制を連携して強化する必要がある。観光立国をめざして全国515の商工会議所は平成26年、各商工会議所に観光コーディネーターを指定すると共に、その観光ネットワーク（〝CCIネット〟という、CCIとは商工会議所の英文略称）の構築を進めつつある。全国的なネットワークと共に観光資源の属性に応じて、また年代順に、さらに地域別等々、様々な観光資源ネットワークづくりも呼び掛けている。今回のネットワーク設立は、そのうち歴史の〝えにし〟で結ばれた観光地同士を〝歴史〟（会津）をテーマに連携して観光推進にあたろうとするものである。

同組織ではネットワーク加盟各市が参加して共同観光イベントの開催、モデルコースの策定と観光商品化、共通パンフレット作成等、観光活動の共有と共同発信等について活動を進めることとしており、その成果が期待されている。

〈観光推進組織の現状〉

明治の開国以来、次のような様々な観光の推進組織が、主として国によって設立され、活動してきた。全国的に展開している主な組織には、次のようなものがある。

- ジャパンツーリストビューロー――明治45年、当時の国（鉄道院）が出損して、外国人観光客の誘致あっせんを目的とする財団法人として設立された。いわば官設旅行あっせん機関であり、国際連絡運輸開始による国際周遊券はじめ観光にかかわる乗車船券の代売、海外への観光情報発信、案内資料の整備、外国人観光客の旅行あっせん等の業務を行うもので、国際的旅行会社の英国のトーマスクック社等にヒントを得たものといわれる。なお、この団体は日本旅行協会を経て、現在の日本交通公社（ＪＴＢ）となる。

• 国際観光振興機構（ＪＮＴＯ）――昭和39年、国の主導で設立されていた特殊法人日本観光協会の国際部門を分離強化して、国際観光専門の機構が同じく国の主導で設立された。平成15年、独立行政法人に改組、公的機関のひとつとなり、「日本政府観光局」（ＪＮＴＯ）の名で活動を始めた。世界各国に15ヵ所の在外事務所をもち、情報発信と外国人観光客誘致に当っている。

• 日本観光振興協会――昭和34年、国際観光協会、全日本観光連盟等を国の指導で合併して、特殊法人の観光ナショナルセンターとして設立された。地方自治体（県、市町）地域観光団体、観光関係事業者（交通・宿泊・旅行業者）等を会員とし、観光の推進、観光の普及啓蒙活動を行っている。全国に８支部をもち、国全体や地方ごとの観光振興に幅広く活動している。設立時には「日本観光協会」であったが、平成23年、「日本ツーリズム産業団体連合会」を合併して、現在の名称となった。日本旅行業協会等と共催で毎年一度、国際的な観光イベント「ツーリズムＥＸＰＯ

ＪＡＰＡＮ」も開催、内外観光の普及啓蒙に努めている。

●その他――専門別組織ともいうべきもので、最近の観光政策を反映して、以下のような全国規模の組織が活動を進めている。

・地域伝統芸能活用センター
・日本旅行業協会（ＡＮＴＡ　ＪＡＴＡ等）
・国際観光施設協会
・「ＪＡＰＡＮ ＮＯＷ」観光情報協会
・全国街道交流会議など
・日本旅館協会
・日本添乗サービス協会
・日本温泉協会
・全国産業観光推進協議会

なお、国では、国土交通省（旧運輸省）が観光の主管官庁であったが、経済産業、農林水産、環境、総務、文部科学等の各省も、それぞれの所管業務の一環として観光に関連する事業にも取り組んでいる。平成20年、国の観光業務専担の官庁として、国土交通省の外局に「観光庁」が設立され、国の観光政策の立案、調整、とりまとめとその推進をはじめ、関係業界の指導にもあたることになった。

また、地方公共団体でも、一部の県には地方自治法による「観光部」が設けられているほか、ほとんどの府県で「観光局」「観光監」など、その自治体独自の観光所管組織が整備されてきた。

また、日本商工会議所、経済団体連合会の二大経済団体も、それぞれ観光委員会を設け、積極的な活動を進めている。

（注）国際観光推進のために、以下の国際機構・団体に国・ＪＮＴＯや関係国内団体などが加盟して、国際組織の一員として国際観光活動に努めている。

・ＵＮＷＴＯ（世界観光機関）　１５７ヵ所国加盟
　観光を通じた国際観光推進と観光経済の発展。
・ＯＥＣＤ（経済協力開発機構）　35ヵ国加盟
　先進国間の観光、経済発展と国際観光往来促進。
・ＰＡＴＡ（太平洋アジア観光協会）　政府会員87　航空・船舶会社31　ほか
　アジア太平洋地域内の観光促進と交流。

日本の豊富な観光資源を背景とし、また輸入依存度の高かった日本の国際収支改善のため、明治中期から外国人観光客誘致を国策としてとりあげてきた。国内観光推進でも、これまで国ないし地方自治体等の公的機関が中心になって進められてきた。近年、観光が「観光立国」とまでいわれるほどの重要な国策の柱となり、これを受けて各地の民間団体等も公的機関と連携してそれ

図6-3　観光組織の経緯図（概要）

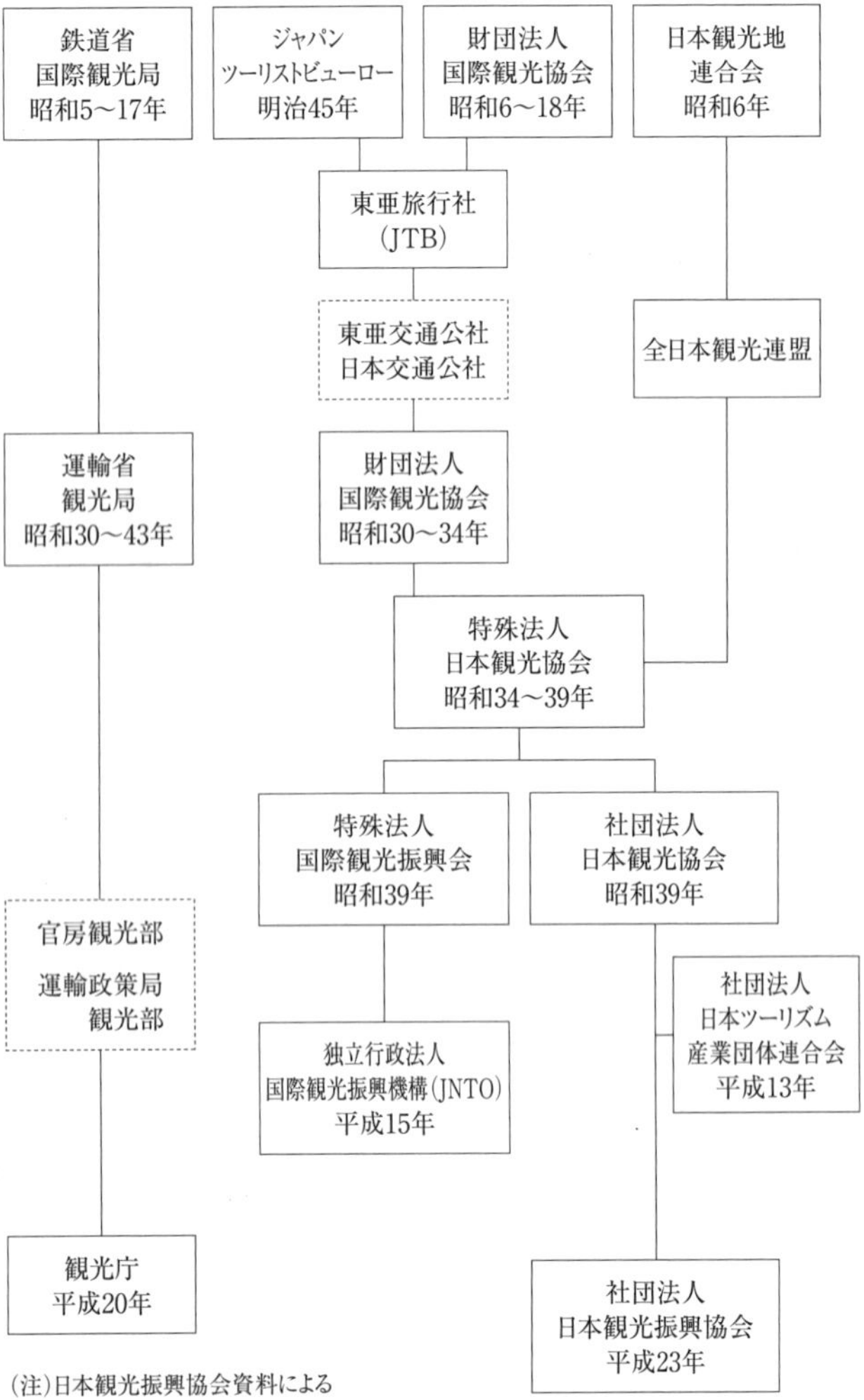

（注）日本観光振興協会資料による

ぞれの地域と分野で観光に強力に取り組むことになった。

このように観光事業主体やその業務が多くなった反面、地域によっては施策の整合性に課題が生じ、また、施策の重複や特定地域への偏り等もあって、様々の組織が十分その役割を果たし得ない点も見受けられるようになった。そこで、これら各界の観光への努力を糾合、調整、支援するための民間の観光推進組織の役割が高まってきた。このため、これからの観光をつくるＤＭＯなど地方組織の強化をはじめ「観光立国」の実現ために、観光組織の再編強化が求められるようになってきている。

コラム

余暇事情

観光は主として余暇を利用して行うものである。観光は非日常的な体験（日常生活の場を離れて）をするという側面があることから余暇活動の中核となってきている。

従って観光を発展させ推進していくためには余暇の適度の付与とその活用（余暇の過ごし方として観光を選ぶこと）がその前提となる。

余暇とは図の示すように「人間に与えられた時間のうち、生活必需時間（食事、睡眠など）と社会生活時間（学業、勤労ないしそれらに必要な通勤通学時間等）を除いたもの」をいう。余暇時間という考え方は人間の社会生活が一定の水準に達するまでは明確に意識されなかった（自家営業者や自作農業に従事する人々には今もそのような感覚がみられる）。欧米を中心に近代に入って雇用労働が一般化し、分業体制に入ってから余暇というものを明確に意識し、またそれを雇用者が従業員に与えることがその社会的責務となって広がっていったのである。従って現在では多くの国で休暇制度等は法定している。

日本の余暇事情はどうであろうか。

法的なものに裏付けられた休暇（余暇）は次のように三大別される。

・週休─土日曜週2日制がほとんどの企業で採用されるようになった。この日数が年１０４日でこれは当然世界共通である。

・国民の祝日─法律に定められた休日が「国民の祝日」である。現在年間16日（平成28年から〝山の日〟が加わった）、欧米諸国のそれは10日程度なのでこれは国際的にみるとやや多い日数である。

・有給休暇─日本では労働基準法で雇用者に付与が義務付けられている。勤務期間等によって異なり現在、年間平均付与日数は約18日程度とみられる。

問題なのは日本での有給休暇の取得率の平均が40％台の9日以内にとどまっていることである。欧米諸国のそれが70～80％程度であるのに比べてきわめて劣位である。しかも日本では有給休暇をまとめて取得する慣習がまだ定着していない。

このために観光面からみると休みをとる時期が連休、旧盆、年末年始に集中するため、観光客等による観光地の激しい混雑が生じ、交通機関や宿泊施設の需給逼迫をもたらし、効果的な観光ができない状況となってい

連続休暇の取得時期（複数回答、%）

	日本	ドイツ
1月	14.9（年始）	3.6
2月	2.1	0
3月	0	25.0（復活祭）
4月	6.4	3.6
5月	39.3（ゴールデンウィーク）	14.3
6月	6.4	14.3
7月	4.3	46.4（夏休み）
8月	46.8（盆前後）	32.1（　〃　）
9月	0	21.4（　〃　）
10月	8.5	7.1
11月	0	17.9
12月	17.0（年末）	35.7

出典：「休暇制度のあり方と経済社会への影響に関する調査研究委員会報告書」（国土交通省、経済産業省、（財）自由時間デザイン協会）

余暇の分類

余暇
- 毎日の時間のうち生活必需時間（飲食・睡眠）、勤労・学習時間を除いたもの
- 週休（土・日曜とした場合、年間１０４日
- 祝日（国民の祝日、年間16日）
- 有給休暇（平均付与日数、年間18日）

労働者１人平均年次有給休暇の付与日数、取得日数及び取得率

	合計			企業規模											
				1,000人以上			300～999人			100～299人			30～99人		
	付与日数（日）	取得日数（日）	取得率（%）	付与日数（日）	取得日数（日）	取得率（%）	付与日数（日）	取得日数（日）	取得率（%）	付与日数（日）	取得日数（日）	取得率（%）	付与日数（日）	取得日数（日）	取得率（%）
平成23年	17.9	8.6	48.1	18.9	10.5	55.3	18.3	8.4	46.0	17.3	7.7	44.7	16.8	7.0	41.8
平成24年	18.3	9.0	49.3	19.3	10.9	56.5	18.3	8.6	47.1	17.6	7.7	44.0	17.1	7.2	42.2
平成25年	18.3	8.6	47.1	19.5	10.6	54.6	18.5	8.2	44.6	17.8	7.5	42.3	16.9	6.8	40.1
平成26年	18.5	9.0	48.8	19.4	10.8	55.6	18.5	8.7	47.0	18.1	8.1	44.9	17.4	7.4	42.2
平成27年	18.5	8.8	47.3	19.3	10.1	52.2	18.4	8.7	47.1	17.8	8.0	44.9	17.6	7.6	43.2

（注）1：「付与日数」には、繰越日数を含まない。
　　　2：「取得日数」は、1年間に実際に取得した日数である。
　　　3：「取得率」には、取得日数計／付与日数×100（%）である。
厚生労働省「平成27年就労条件総合調査」資料による

るところも多い。従って観光面からは次のような対応が望まれる。

第1、有給休暇を消化する習慣の定着ととりやすくする環境の整備が必要である（休暇を多くとることで勤務意欲が低いように誤解され、職場で不利益でな扱いを受けることがあってはならない）。

第2に、現在もなお3割近い人に有給休暇制度の適用がないことである（個人企業など雇用されている人や非正規雇用の場合など）全ての労働者が何らかの形で有給休暇が受けられることが望ましい。

第3に休暇の取得方法である。特定の時期に集中しないように雇用先と協議して、休暇取得の時期的平準化をはかることが必要である（かつて有力な宿泊業者等からの要望もあり、ゴールデンウィークのような法定の連休を地域によって日程を変えるとの制度を国が法制化しようとしたが経済活動に支障するなどとの反対が多く実現をみなかった）。

有給休暇を仮に100％取得し、これを観光に充当するならば10兆円を超える観光による経済効果が出るとの試算もあるほどである。充実した観光によって観光の文化的効果を高めること、また観光の経済効果を高めるために適切な余暇政策は急務だといえよう。しかしことの性格上、それには余暇をとる人々や雇用者が余暇の意味と役割を正しく理解しそれにふさわしい行動をとることではなかろうか。よりよい余暇の活用のため公的政策と個人、そして雇用者との協働が期待される。

第7章

観光を〝まもる〟
―資源の保全、安全な観光―

観光は持続的（永続する）活動として展開されなければならない。また観光客にとって観光（行動）は安全な楽しい有意義なものであることが必要である。このように観光を大切に守り育てることも「観光立国」実現のために是非とも必要である。

観光を〝まもる〟については、観光資源のもつ多くの人々をひきつける魅力を絶えず磨きあげると共に、これを大切に保全保護することがまずその原点となる。同時に、観光の主体ともいうべき観光客の（観光での）安全が担保されなければならない。

このように観光効果の源泉である「観光資源」をまもり、観光主体としての観光客の「安全」をまもる努力がすべての観光施策の前提として求められている。

（1）観光資源を〝まもる〟

観光資源は観光によって直接減耗したりしないものが多い。しかし、年月の経過と共に観光資源のなかには自然減耗したり劣化するものがある。また、行き過ぎた不適切な観光行動によってその価値を減じることもある。観光資源のなかには私有のものも多いために、所有者側の事情によって、また時代の進展によっていらないものとして処分されるものも少なくない。

観光資源は環境の変化への対応に弱いものもあり、異常気象や災害によってその価値を失うものも目立つ。

従って、観光資源の観光上の価値とそのもののもつ本来の効用の両者を保持し続けられるよう、その保護保全への努力が絶えず必要である。

昭和38年制定の「観光基本法」では、「国は史跡、名勝、天然記念物等の文化財、すぐれた自然の風景地、温泉、その他産業、文化等に関する観光資源の保護、育成及び開発を図るため必要な施策を講ずる」と規定されている。自然、歴史文化の両観光資源について、その保護の必要性とそのための施策を国策として推進することが明記されている。

①自然観光資源の保護

自然観光資源の保護はその性格上、国土保全活動でもあるため公的主体によるものが中心となる。古来人間は自然に接する場合、それをいかに有効に利用するかという点と、逆に自然が人間に及ぼす脅威からいかに身を守るかという二つの視点からその対応にあたってきた。前者は生活環境や食料となる動植物の保全保護が、また後者はいわゆる治山治水への努力等が中心となった。即ち人類生活のための保護（存）活動からの出発であった。観光の視点にたってこれらの自然　風物の保護の必要性が広く認識されるようになったのは、外国に範をとった国立公園制度が導入された昭和初期の頃から本格化したといえよう。とくに敗戦後の国土の荒廃を復興させるための努力と観光資源復活（外国人観光客誘致を戦後間もなく緊急の国策としてとり上げた）への要請によって昭和20年代から戦後復興策の一環としても強力に進められるようになった。昭和32年制定の自然公園法が「すぐれた自然の風景地を保護するとともに、その利用促進をはかり国民の保健、休養及び教化に資すべき」と規定しているのは、観光資源保護が当時の重要国策のひとつになってきたことを示している。

「自然公園法」と昭和41年制定の「環境基本法」等がまさに自然観光資源保護の基本法ということができる。またいずれの法律も国・自治体中心に官民の協力のなかで組織的に保護を進めるべきことを現定している点にも注目したい。このような自然観光資源保護の経緯とその動向、保護施策の推移を表にまとめると**表7－1**の通りとなる。

②歴史文化観光資源の保護

歴史文化観光資源はそれぞれの使用目的のために人為的につくられたものが多い。しかしつくられて直ちに観光資源となることは稀である。時間の経過と共に歴史的・文化的価値が認められ、それが高まって観光資源に選ばれることが多くなっていく。例えば縄文時代の遺物、遺跡はいま

表7-1　自然観光資源保護の経緯

時期	現象動機	保護の動き	法規制度	保護の考え方
江戸時代・明治以降戦時体制まで	観光の勃興 観光者の増加	自然公園の設定 （昭和6年）	国立公園法 （昭和6年） 史蹟名勝天然紀念物保存法 （大正8年）等	観光資源保護思想のめばえ 観光と保護の調和
戦後 高度成長期まで	観光ブーム、乱開発 観光地の環境汚染	開発規制 観光地の保護	自然公園法 （昭和32年） 環境庁設置 自然環境保全法 （昭和47年）	破壊からの保護 （受け身の保護）
現代・今後	環境と一体として観光資源保護の必要性高まる 国際的な動き	総合的な保存対策推進 環境と観光の共生	観光庁設置 環境基本法 （平成5年） 公害対策法令整備 国際条約法 等	環境との調和、共生 （観光と環境） （能動的な保護）

表7-2　歴史文化観光資源保護の経緯

時期	現象動機	保護の動き	法規制度	保護の考え方
江戸時代・明治以降戦時体制まで	木造文化財中心 災害、破損、破棄、破壊の進行 （古物破壊など）	国の手による組織的保存の開始	太政官布告 （明治4年） 国宝保存法 （昭和4年） 重要美術品保存法 （昭和8年）	公的（個別）施策中心
戦後 高度成長期まで	重要文化財の被災（法隆寺、金閣寺）乱開発	保存システムの整備 （体系化） 博物館の整備	文化財保護法 （昭和25年） 博物館法 （昭和26年） 古都保存法 （昭和41年）	保護思想の浸透 保護・規制の強化
現代・今後	乱掘、乱開発からの保護 国際的動向	保護と公開の調和をはかる総合的な保護体制の国際的な整備	世界遺産条約 等	町ぐるみ、村ぐるみの保護体制 国際的取組み 次代を先取りした保護体制

では貴重な史跡や文化財であり、多くの人がたずねる貴重な観光資源であるが、それらが日常的であった古代では単なる日常生活のための住居器具等にすぎず、そこにはとくに観光資源の保全保護という考え方は生じていなかったと考えられる。

この種の観光資源は、時間の経過といういわばタテ軸、文化的価値の変化（高まり）をヨコ軸と考えた場合、その両者の交点の位置で観光資源としての価値が認識され、その効果が大きいものから観光資源の保護活動が動き出してきた。この間の動きについても表7－2にまとめておく。観光はそれ自体が重要な文化活動であると考えられるので、その観光を持続性あるものとするためにも文化財保護、即観光資源保護活動と考えて対応することが求められる。

③総合（複合）観光資源の保護

多くの観光資源群をとりまとめてひとつの観光資源と考えるもので、そのまとまりは人為的につくられた規模の大きいものが中心となる。従って、個人ではなく何等かの「公的」組織、企業等が所有管理しているものが多い。そして組織、企業の文化活動の一環として保護活動が行われており、それによる組織的ないし計画的な保護施策が進められている。

例えば、博物館・美術館等は所蔵品が即観光資源（文化財）を構成しているが、これらは公開

（観光）目的で設けられているので、観光資源を保護していくことがその組織運営の基本目的でもある。

神社寺院等については、宗教上の意味からもその施設資産全体の保護あってこその存在といえる。しかし、保護重視のあまり公開をはばかるもののもなかにはあり、観光資源として貴重なものにもかかわらず観光の対象とならないものも散見される。重要な文化財等は文化財保護法で「公開が原則」と規定されているが、その他についても公開（観光資源）とすることがその存在価値を高めることにもなるので極力公開と同時に保護に努めるべきであろう。活用（公開）こそが最高の保護策といわれる所以である。

一方、近年各地に大型テーマパークが開設されてきた。ここではその主な内容となる複合観光資源（パーク）全体の保護が、即テーマパークの経営活動となる関係にある。また他の資源と異なり内容の更新（リニューアル）が観光客、とくにリピーター誘致のためにも必要となる。従って、個々の資源の集合体であるテーマパークの「魅力」そのものを全体として保護保全していくことが求められることになる。

(2) 観光資源保護への施策

観光を持続的なより効果の高い活動とするためには、資源保護についても国をあげて官民協働による幅広い取組みが必要である、観光資源保護のために様々な国レベルでの施策が展開されるようになり、それが国の観光政策の大きい柱ともされてきた。

①公的施策によるもの（観光資源保護運動等）

観光資源保護の重要性を強調、啓蒙するため公的機関（国・自治体・関連団体等）による様々な公的保護キャンペーンが幅広く展開されている。

・植樹祭の開催　戦争で荒れた国土に美しい〝みどり〟をよみがえらせる運動の中心として昭和25年から毎年春、各地持ち回りで「全国植樹祭」が開催されることとなった。国の国土緑化推進委員会が各府県と共催する国家行事で、天皇・皇后両陛下ご臨席のもと、記念植樹式等が行われる。

・みどりの日制定（5月4日）　平成元年、祝日法改正で設けられた（当初は4月29日）。この日を中心に自然保護活動展開（自然観光資源保護）の幅広い活動が全国的に展開されている。

・文化財防火デー（1月26日）　昭和24年、法隆寺金堂火災の発生日をながく記憶にとどめ防災と文化財保護への誓いをあらたにするために制定され、毎年各地で文化財保護のための行事訓練等が行われている。

②条約等によるもの

・世界遺産条約（１９７２年採択）　国連のユネスコで採択された文化遺産、自然遺産に分類し人類共通遺産としてその保護を国際条約の取決めとしたものである。

この条約にもとづいて登録されている日本にある「世界遺産」は20件に及んでおり、文化遺産（産業遺産を含む）、自然遺産等多岐にわたる（詳細別項）。いずれも重要な観光資源でもあり、遺産保全と観光の調和に様々な課題を提起しているところもある。ここには静かな観光が求められよう。

・ラムサール条約（１９８０年加盟）　「水鳥の生息地として国際的に重要な湿地に関する条約」が正式名称である。水鳥の生息する湿地の自然を保護し、あわせて鳥を守ろうとする国際条約である。日本でも釧路湿原、伊豆沼・内沼、藤前干潟等50ヵ所が指定されている。いずれもバードウォッチング等の観光スポットであり、観光手法はグリーンツーリズムなども自然保護にふさわしい手法によることが求められる。

・ナショナルトラスト活動　自然景観、歴史遺産などのうち破壊の危機に瀕しているものを救済

大井川鐵道 トラストトレイン

するため、対象となるものを公的団体が買い取って保護しようとする国際的活動をいう。イギリスが発祥国で、１００年余の運動の歴史をもち、買取り資産は延べ24万haに及ぶという。日本にも「財団法人観光資源保護財団」（現日本ナショナルトラスト）が昭和43年に設立され、その名の通り観光資源の保護を中心に活動の輪をひろげてきた。産業遺産でもある古い蒸気機関車や客車を買取り補修したうえ鉄道会社に動態保存（運行を含む）を委託しており、ここに多くの観光客を集める等ユニークな活動も展開している。

(3) 観光客を"まもる"

観光は人間生活をより豊かなものにするために行う、人間の本能に根ざす文化経済活動である。その効果の源泉である観光資源の保護と共に、その主体ともいうべき観光に参加する観光客の心身を“まもる”ことが観光推進の大前提といえよう。

観光は地域の「光」を日常生活の場を離れて求めるものである。従って、そこには当然移動（旅行）を伴う。また観光資源に接するために登山、舟航、歩行等の移動が必要となる（交通機関の利用も含む）。観光地では宿泊施設（ホテル等）の利用や飲食施設の利用も伴う。またみやげ物を求めることもあろう。このような観光はそれぞれそこには危険が潜んでいることが多い。この危険を事前に除去ないし回避して、安全な観光を担保する「観光の安全確保」がまず必要となる。さらに最近とくにその傾向が強い自然災害の多発に対しての対応がある。発災の場合は一瞬にして多くの観光客が身の危険にさらされることになる。完全な天災防止は不可能であるが、ここでもできる限り大勢の観光客の身の安全を守るための対策樹立とその努力が求められる。

極論するならば、観光は多くの場合、危険と背中あわせであり、とくに日本の地勢的条件から大災害の危険が迫っているともいわれている。このような危険、危機から観光客の身の安全を守るための施策、対策を常に再点検し、また整備することが急務である。

安全性の高い観光が担保されてこそ観光客の増加も期待できることとなろう。

このための施策は次のような点に留意して進める必要がある。

①観光に伴う安全確保

「○○観光には危険がいっぱい……」こういった記事を目にしたことがある。それほど観光には様々な危険が潜在していることを示している。

・移動（旅行）等についての安全　移動の場合、何等かの交通手段（機関）を利用することが多い。この場合、求められるのが交通安全の確保である。交通機関はそれぞれ安全第一を掲げて安全輸送に務めているが、近年観光バスの事故が多発して、多くの観光客が犠牲になるような悲惨な事件が続発した。また道路交通でも歩行観光客が事故に巻き込まれるケースや近年多くなった自転車観光での事故多発も気になるところである。道路等の通行環境の整備、交通機関の安全運行と観光客自らの安全への一段の注意が望まれる。

移動に伴う安全確保は観光客自身の努力と多くの関係者の連携と協力で成り立つものといえよう。

・観光に伴う宿泊食事等　観光はほとんどの場合、ホテル・旅館等の宿泊施設やレストランなど供食施設の利用を伴う。また利用そのことが観光目的となる場合も少なくない。これらの利用についてもそこに危険が潜在していることが多い。宿泊施設の火災事故、自然災害による建物等の被災、供食施設等での食中毒事故等がそれである。国では主な観光関連施設等については安全基準を定めているが、その順守が徹底しないところも多く、このような事故が後を絶たない状況にある。対策（防止措置）の徹底が望まれる。

最近、海外への日本人の観光が増えてきているが、外国でこの種の事故によって被害を受ける観光客も目立つようになった。海外観光をする人が日程、滞在先、連絡先を登録すると安全情報や危険発生時の緊急連絡が受けられる外務省の「たびレジ」システムもスタートしたが、海外諸国での安全対策推進となお一層の幅広い情報の提供がまたれるところである。

・観光の安全　観光地での観光中に事故に遭遇することも少なくない。山、川等での観光でそれはとくに目立つ。登山での遭難も毎年後を絶たず、とくに最近、火山の噴火による多数の観光客死傷事故も発生した。また水辺の事故も季節によって多発している。これらの安全確保のためには観光客側での注意が前提となるが、治山治水、登山道の整備、安全標識の設置等の公的主体の対策が求められる。危険についての予知情報の徹底や危険箇所への立入規制、防火設備の点検整備等が急務である。

・その他　観光に伴う契約上の諸事故（トラブル）も懸念されるところである。旅行会社等のあっせんで観光にでかけたところ、契約通りのサービスが提供されなかったり、悪徳業者を紹介されたため観光効果が得られなかった等のリスク（経済的なものを含む）に直面するケースもある。旅行業法等によって観光客（消費者）保護の視点から一定の保証金供託や補償措置を定めているが、このような観光契約上の事故をなくすことも安全な観光のための課題のひとつであろう。

②大規模災害と観光客の安全

阪神・淡路、東日本、熊本、鳥取と近年各地ではげしい地震が相次いで発生した。また、台風の多発で多くの観光地にも大きい被害をもたらした。東日本大震災の場合は大津波を伴ったため2万人にのぼる犠牲者、行方不明者を出す悲惨な災害となり、今なお行方不明者の捜索が続いている。地震についてはその発生を事前に予告したり、防止することはほとんど不可能といわれる。このため平素から災害対策を確立、施設面等を中心に防災措置を進めることがまず求められる。さらに発災時の被害を最小限のものとする諸施設の整備、帰宅不能になった人々の避難・誘導対策を固め、人的被害を最小限に喰いとめる努力が必要である。

ここでも観光にとって気になることがある。それは近年の大震災の発災がほとんど観光シーズン外の週日や観光がほとんど行われていない早朝・深夜に起こっていることだ。従って、多くの観光客がこのような大災害に直接遭遇しないことが多かったため、発災時の観光客への対応について先例（いいかえれば教訓）があまり残されていない。しかし、このような大災害がもし観光シーズンの週末、しかも昼間に発災したならば観光客は深刻な影響を受けること、またそれによってパニック現象等による二次災害さえ発生して収拾困難な大混乱に陥るおそれがあると、災害にくわしい学者が警告していることを忘れてはならない。

数年前ある学会で次のような発表があった。観光シーズン、週末、昼間時には、①定住人口を大きく上まわる観光客が一時的に集中している観光地が多い。そのとき発災すれば、②観光客は災害による交通途絶によって行き場を失い、その場で多数の帰宅不能者となる、③その観光客をどこに収容するか、④そこまでどのように誰が誘導するか、⑤供食、待避場所での救護手配等をどうするのか、等の困難な緊急対策に観光地は直ちに対応しなければならない。

研究結果によると定住人口3万人の観光都市に3万人の観光客が来市していたと仮定すると、発災後直ちに約3万人という多数の帰宅不能者が発生し、発災後の避難収容と供食の必要にもせまられるという。勿論一般市民に対しても同様の措置が必要であることを考えると、対応がこのような時の発災の場合ほとんど不可能に近いところが多いと指摘する。また市民との間に避難の順位、供食の順位等でトラブルが起こり、そこからパニックになるおそれさえあるというのである。

筆者も二、三のそのようなケースが起こりそうと考えたまちに質問してみた。その結果、多くのまちでは観光客への特別な対応ではなく、市民と平均的な数の旅行者という平常状態の在市者数を前提に対策を考えているという回答であった。なかには最悪状況も考えたいが、とてもそこまでの対策は手がまわらないと述べるところもあった。そのなかで観光客の避難・待避先として市内の社寺と事前に契約して、そこに収容することを考えているまちがあった。しかし、この場合もその社寺が被害を受けないと仮定していると思われ、実際の効果は未知数である。現に阪神・淡路、東日本、熊本地震等においては社寺の本堂・本殿等が倒壊しているところも出ている。古い社寺はほとんどが耐震構造物でないことを考えると、なおさら心配である。やはり平素から最悪のシミュレーションをして、少なくとも自治体では市民と観光客等在市者全員の身の安全は守るという基本的な姿勢のもとにふだんから対応を考えておく必要を痛感する。東日本大震災の際、東京では大勢の帰宅困難者が発生、収容場所が足りず大問題となり、後日対策が検討された。その結果、帰宅困難な場合は無理に帰宅せず、都心等の勤め先で待機させる、そのための待機スペース、非常食の準備等を呼び掛けることになったという。しかし、観光客の場合は待機する勤め先等がない、しかも土地不案内な人がほとんどである。年寄り子供も多いことを考えると、発災時の帰宅不能時間をできるだけ短くしなければならない。即ち応急的な交通手段の復活ないし提供が緊急課題である（緊急船舶輸送等も平素から船の確保策を考えておかなければ実行は難しい）。

東日本大震災の際、東北各地は雪の降る天候で寒く、しかも週日であった。観光客はまだ少なかったという。そのため被災地の旅館・ホテルは使用していない大広間やホールを地元住民の緊急避難所にあてることができたという。観光シーズンに於いてはそのようなことはまず不可能であろう。発災後の住民と観光客の両者あわせての緊急避難と収容は、あらゆる季節条件の場合でも対応できるよう幅広い対策を平素からたてておく必要を痛感する。観光客を誘致する以上、来てもらった観光客の安全をはかることは観光地の責務であるともいえよう。

（注）アメリカでハリケーンの直撃をうけ多くの死傷者を出した観光都市が被災時の経験を活かして市内各ホテル別の宿泊客数その国籍別内訳等を市の対策本部に報告させることをしたという。これはホテル別の避難誘導策を事前に人数に応じて考え外国人の国籍別にその言語に通じた誘導員を派遣するためである。しかも絶えず訓練を重ねているという（この場合、被害はハリケーン等の予測警報の出るものなのでこのような事前対応ができるのではあるが、災害からの観光客の保護についてこのようにキメ細かい対応を考えている姿勢には学ぶべきものがある）。

もちろん観光客側にあっても観光地に赴いた以上、地元の人々と共にその地の災害復旧や救援活動にも協力する姿勢と行動が期待される。また被災に備えて非常食等の防災グッズを携行する等の対応も平素の備えとして考えておかなければならない。30年以内に70％の確率で東日本大震災クラスの南海トラフ大地震が発生すると学者は警告していることを忘れてはならない。

しかし、観光は将来発災が予想されるからといって事前に取りやめるという性格のものではない。観光客受入側と観光客側が相協力してふだんから防災に努め、最悪の場合も人的被害を最小限とするため両者の協働を通じて危機を乗切る万全の対策を考えて、安心して観光できる環境を整えたいものである。観光それ自体が地域にとって人間にとっても重要かつ不可欠な文化経済活動なのであるから。

(4) その他

①風評等から観光を"まもる"

数年前、能登半島沖を震源とする強い地震が発生、半島北部一帯が大きい被害を受けたことがある。この際の被害は局地的なもので、交通機関も宿泊施設等の観光インフラも早期に回復したが、観光客の減少は復旧後も長期間続き、しかも地震被害のなかった北陸の他県まで大きい影響を受けた。地震の被害について過大な風評(マイナス情報)を呼び、観光キャンセルが相次ぎ、観光に大きい打撃を与えたのである。

(注) この場合、発災が連休初日のこともあって情報発信が遅れがちであったこと、他のニュースが少ない日だったためその被害状況の報道がとくに目立ったことが指摘される。災害時の情報の発信

がいかに大きい影響をもたらすかを物語る例である。

次いで、さらに深刻な事態が発生した。それは平成23年の東日本大震災である。被害の大きさから当然観光への影響も予想されたが、今回は災害に全く関係のなかった遠隔地までほとんど全国的に観光客の大幅な減少や予約キャンセルがみられた。またその影響は外国からの観光客にまで及んだ。

この原因はやはり「風評被害」といわれた。しかし、調査するとそれだけではなく、観光客の「自粛」も大きい原因であることがわかってきた。連日多くの人々の死傷が報道される、しかも行方不明者もおびただしい数にのぼるという情報に接して、「大勢の人が亡くなっているのだから観光は慎むべき」という声の高まりによるものであった。このような情報による人の心の動きで、暫くの間は観光不全とでもいうべき現象に国全体が覆われてしまったのである。

考えてみれば、観光は文化活動であり、重要な経済行動である。被災地への観光は観光施設の損傷もあり、交通も途絶するので観光が困難となるのは止むを得ない。しかし、被害のない他地域まで広範囲にも「自粛」が及ぶのは、観光がただの「遊び」だと誤解されていたからではないかと思われる。

東北の被災地では5月のゴールデンウイークを前にして観光施設の復旧に努め、観光客を迎える努力を町をあげて行った地域もある。観光地にとって観光は経済活動としての重要性が大きいことを示す例である。むしろ非災害地域では観光を積極的に進め、その経済効果を被災地の支援にふりむけるという選択もあると思う。観光の正しい意味を理解することによって、このような心に生じがちな過度の自粛意識から観光客の行動をまもることも文化経済活動である観光にとって必要なのではなかろうか。

②地名（変更）から観光を〝まもる〟

平成26年の御嶽山噴火で観光客を含む多数の死傷者が出る深刻な被害が生じた。御嶽山頂は長野・岐阜両県境となっており、長野県側は木曽町、岐阜県側は下呂市、御嶽山北麓の一部は高山市となっている（広域町村合併の結果による）。噴火直後に「下呂市、高山市の一部に降灰があった」という情報が流された。その結果かシーズンに入っていた下呂温泉地域、高山市中心部の観光客が減少、キャンセルが相次いだ。火口は下呂温泉中心街や観光客の多い高山市中心部からは30～40㎞も離れており、両市中心部からは山容を見ることさえもできないのにである。もちろん下呂、高山両市街地には全く被害はなかった。

「風評」とは無責任なウワサという意味である。しかし、この情報はそうではなく事実を報じたものであった。町村合併の結果、山頂付近の「村」が両市の一部になっていたために生じた現実である。地名にかかわる問題は他の観光地でも起こっている。修善寺・湯ヶ島・韮山・長岡等、伊豆の有名観光地の地名が広域地図から消えてしまったのである。広域地図では普通、市町名を○で示すだけになる。このため合併で生まれた「伊豆市」「伊豆の国市」という新市名の表示だけになったからである。このため観光客の間にとまどいを生じている。

市町村合併後も従来の観光地名等有名な地名は何等かのかたちで表示する工夫が必要だ（○○市××地区というような表示方など）。

このようなことも観光を〝まもる〟重要な施策ではなかろうか。

日本は火山列島であり災害列島とさえ言われている。実際、地震・津波・噴火・台風等の被害も後を絶たない。しかし、火山列島であることが日本の複雑な地形につながり、これが日本のすぐれた景観をつくり、多くの観光資源を残した。また温泉の湧出も各地でみられ、温泉観光が古くから国内観光の定番として親しまれ、多くの観光客を迎えてきた。この日本「火山列島」にわれわれは定住せざるを得ない。そのため自然災害の影響を絶滅、軽減させる努力を国をあげて進めていかなければならないと思う。

一方、この国土の特性を逆に利用して、この自然環境を新しい国づくりに活用する前向きの取組みが必要である。活用の最たるものは「観光」への活用である。新しい温泉観光、シーニックバイウェイ、ウォーキング観光等による国の美しさ（光）の再発見、ジオパーク構想による自然観光の展開、変化に富んだ植生を活かした様々な観光資源（農業観光、フラワーツーリズム等）開発等複雑な地形の国土を活用した観光がある。これらが多くの観光客を集め、地域に経済効果をもたらしつつある。さらにこの観光による経済効果を観光を〝まもる〟ために活用することを考えたい。即ち、防災対策等にその効果を活用して観光資源保護のために新しい資金の循環をもたらすことである。さらに観光資源と環境をまもる努力そのものを体験観光（農林業体験観光など）メニューとして活用することも考えられる。このようにして、いわゆる強靭な国土づくりを観光を通じて行うシステムづくりまで考えたいものである。

自然（災害を含む）に正対し、それからの被害を絶滅もしくは軽減する努力と共に、自然と共生しその恵みを享受しつつ、豊かで美しい国づくりを進めることが必要である。このような力を仲介し活用できるものは観光であると思う。観光を〝まもる〟様々な努力はこのような自然と人類の共生、協働への努力の基盤になるものと確信する。

コラム

観光桟橋

イギリスは日本と同じ四面環海の島国で、その海岸線の延長は1万4000㎞に及ぶという。

産業革命後、蒸気船の発達に伴い19世紀頃には主要都市の海岸を中心に船の乗降のための桟橋（PIER）が多数建設された。その後鉄道の開通が進み、これらの桟橋の多くが衰退したが、船の乗降のほかに人々が海に親しみ海を楽しむための桟橋となって活用され発展したものが多くみられた。建設最盛期のビクトリア時代（19世紀初）につくられたものが今なお50ヵ所以上も残り、各地で多くの海浜をめざす人々、とくに観光客を集めている。ドーバー海峡に面したブライトンチェーン桟橋（1823年）や西岸のクレプトン桟橋（1869年）などは国際的な知名度も高く有名な観光スポットとなっている。

イギリスの観光桟橋

海に大きく突き出たこれらの桟橋は観光の大衆化とともに桟橋上にベンチ、デッキチェアー等も置かれ、大型化と共に劇場、パビリオン、レストラン、ゲーム施設等も併設され、身近な海に親しむリゾート拠点ともなっており、海水浴とはまた異なった角度からの海を楽しむ人々で賑わっている。

観光という視点からみるならば「海」という観光対象をこれまでとは違った高い視点と角度からみることになると共に、背後の都市を海を介して海上側から味わうことにもなる。そこに「まち」「海」というふたつの観光対象から新しい魅力を発見することができる。即ち観光客にとっては新しい観光資源が発掘されたのと同じ効果をもたらしたといえよう。しかも広く長い大桟橋上に様々の観光施設が立地し総合的リゾートがつくられたのであるから、海上に新しい観光まちづくりが行われたともいえよう。

なお、桟橋そのものの構造、デザイン、装飾なども従来の単なる船の発着場としての機能本位のものから脱皮して海岸の自然観光とも調和した。また海岸一帯の生態環境にもやさしいものが工夫されている。桟橋上の造作、即ちベンチ、手すり、照明灯、さらに桟橋の構造そのものまでキメ細かい技術の結晶であり、それ自体が芸術品ともいえる名桟橋も多いと聞く。

桟橋の建設は本来、交通手段として観光地へのアクセス手段がその出発点であった。それが桟橋を訪れるというそのこと自体が新しい観光資源になることとなった。現在、日本ではこれまで観光地等へのアクセス手段であった鉄道、道路の利用それ自体が新しい観光資源となる観光列車やシーニックバイウエイ等が観光客の関心を集めている。イギリスの「観光桟橋」はこのような観光手段そのものを観光資源とする努力を100年も前から実行していたことは感慨深い。

「イギリスの歴史的観光資源ともいうべき『観光桟橋へのちえ』を日本でも応用して新しい海の観光の場を提供することによって、交流人口拡大を通じて、地方創生への大きいインパクトとなることを期待したい」とイギリス観光桟橋の研究調査に当っている「PIERS研究会」では提言している。そして、そのためイギリス桟橋を調査したレポートをこのほど公表した。〝ニューツーリズム〟展開へ貴重な一石を投じたものといえよう。

第8章

観光を”ひろげる“

―広域・国際観光展開―

「観光立国」をめざして日本の観光は内外を通じて再活性化のみちを歩みつつある。今後の観光の目標は「観光立国」を実現すること、21世紀のコンセプトといわれる「世界大交流」時代に遅れをとらないよう日本の観光を国際的にも発展させていくことである。

そのためには、これまでの各章で述べてきたような当面の観光推進にかかわる諸課題を解決し、日本の観光を競争力の強い付加価値の高い文化経済行動にまで高めなければならない。そのため観光（行動）の幅を〝ひろげる〟ことが21世紀の観光推進の大きい目標と考えられる。即ち、まずこれまでの観光がともすれば（地方）行政区画単位の比較的「狭い」範囲の観光ないしは「点」の観光であったことから脱却することである。即ち交通機関の整備、情報化（時代）の影響でひろがりはじめた観光客の行動範囲にあわせて、さらにその幅を〝ひろげ〟いわば「点」から「面」への観光を実現することである。そのためにまず行政区画等の枠をこえた「広域観光」の展開を実現する必要がある。

次に「大交流時代」を迎え世界の観光革命到来とまでいわれている21世紀の国際的な観光の動向を受け止めて、またそれを先取りして「国際観光」の振興をはかることである。内外（日本人の海外への観光と外国人の訪日観光）の均衡ある交流をはかりつつ、観光を国際的視野にたって展開することが急務といえよう。

このような努力を進めることによって多くの現代の日本観光がもつ課題も解消し、観光の国際競争力も強化され、国をあげての「国民観光」「観光立国」が結実することとなろう。

(1)「広域観光」の推進

①なぜいま「広域観光」か

観光は沿革的経緯もあって公的施策として進められることが多く、国、地方自治体が主導的役割を担ってきた。それは観光事業の投資と効果発生までの時間差が大きいこと、また観光が国づくり、地域づくりという国、地方自治体の政策と密接に関連しその一環でもあったからである。従って地方行政区画の単位（県・市・町等）ごとや国の各省庁担当分野別に推進されてきたのである。

近年、観光客の行動範囲の拡大が目立つようになってきた。従来は日帰りの観光ならば1県内程度、泊を伴う場合でもせいぜい2～3県内範囲の観光が中心であった。自動車の急速な一般家庭への普及、道路、新幹線、空港等の整備が進み、その利用により少なくとも数県内が1日の行動範囲に入り、東日本、西日本、北海道、九州一円などさらに広範囲にわたる観光も一度に進められるようになってきた。ここで行政区画単位の観光施策と行動範囲とのズレ（不調和）が目立つようになってきた。とくに外国人観光客は日本の国内行政区画（とくに都道府県）を意識することが少なく、直接目的地（都市）志向の観光をすることが多い。このような事情から行政区画区分のカベが円滑な観光を妨げるおそれが目立ってきたのである。

またＩＣＴの発展による情報化（時代）の進展に伴い、観光客は遠隔地の情報がとりやすくなり、これも観光客の行動の幅を広げる動機となっている。

このため行政区画や所管官庁の行政区分の枠をこえた観光施策や観光客の受入体制整備等を広域にわたって継目なく切れ目なく展開する「広域観光」の実現が求められるようになった。

②「広域観光」の展開

観光は地域の「光」（特色、美しさ等）にふれ、これを心をこめて「観」かつ「学ぶ」ものである。従って広域展開にあたってもこのような地域の特色「光」を失わないようにしつつ観光推進（受入）主体の自治体、住民、関係団体が互いに連携協働して幅広く、広域にわたる受入体制の整備、情報の発信、観光資源やインフラの整備等に取組むことが必要である。

主な施策として以下のようなものが考えられる。
・「広域観光」推進のしくみづくり　地方自治体等の行政区画（府・県・市・町）の枠をこえて観光推進を行う「広域観光」の場合、従来の地方自治体やそれに対応してできている観光団体等の担当エリアをこえたり複数機関のエリアにわたって連携観光を進めることになる。その場合、問題となるのは、観光（事業）推進を担当するいわば司令塔が不明確になることである。そのため「広域観光施策」をまとめかつ調整するための何等かのしくみが必要となる。

このしくみの適否が「広域観光」の成否のカギを握ると言えよう。しくみについては国も「広域観光」の推進にあわせていくつかの施策を検討しており、それも念頭に各地が新しいしくみづくりをしたり、地域の民間レベルで独自の「広域観光」推進の中核組織づくりをする動きが各地にひろがってきた。それには次のようなものがある。

（観光圏）　滞在型観光の振興をはかるためとして、地域内に多くの観光地（資源）をもつ複数の行政機関が相互に連携して「広域観光」促進のため、平成20年「観光圏の整備による観光旅客の来訪及び滞在の促進に関する法律」（略称・観光圏整備法）が制定された。国が積極的に「広域観光」を推進すると共に、そのための「広域観光」推進のしくみとして「観光圏」設定を呼び掛けることとなった。そして「観光圏」で行う「広域観光」事業に対して国の支援（規制緩和、法の特例制定、「広域観光」事業の一部に交付金の交付等）を行うことも明らかにした。

この制度は、まず関係団体、地方自治体等の観光推進主体が共同して「観光圏整備計画」を策定、国に認可申請を行う。そのうえで対象とする地域（広域）を「観光圏」として国が認定した場合、法制、税制、金融上の特例措置によってその活動を支援することとなった。
この法律によって全国約50カ所の「観光圏」が認定され、国の支援を受けて「広域観光」の推進に努めた。

（注）具体例としては「八ヶ岳」（山梨、長野県等5自治体にわたる）、「雪国」（新潟県、群馬県みなかみ町、長野県栄村等8自治体にわたる）、「阿蘇くじゅう」（熊本県阿蘇市、大分県竹田市、宮崎県高千穂町等10自治体にわたる）、「信越」（新潟県上越市、長野県長野市等16自治体にわたる）ほか複数県にわたる広域のものから、「浜名湖」（静岡県浜松市等2自治体にわたる）、「香川せとうちアート」（香川県、高松市等県内18自治体にわたる）のように同一県内の複数市町にわたる中規模観光圏などがある。

このしくみは、交付金の交付期間が5年間とされたためその期限をこえたもののなかには別の機構に移行したりするもの等が出てきており、現在は15圏が活動中である。いずれにしても「広域観光」推進の母体となるしくみがこのように国の支援のもとに各地に設けられた意義は大きいものがあった。

（広域観光協議会等） 前記の「観光圏」等を念頭におきつつ、主に地方自治体（県市町等）と地方民間団体（観光協会等）の手によって結成された、比較的簡易な新しい「広域観光」のしくみである。全国各地に相次いで設立され、「広域観光」の推進母体として活動しはじめた。

現在ブロック単位で都府県域をこえた「広域観光」推進ないしは施策調整機関として全国8カ所（北海道、東北、関東、中部北陸、近畿、中国、四国、九州）に地方自治体、観光団体、経済団体、主要企業等が参加する何等かのかたちでの「広域観光推進協議会」ができ様々な事業の展開、イベント催行ないしその調整、ブロック内観光情報の共同発信等の宣伝・啓蒙活動、受入体制整備等に当っている。またブロック内の都市間、近接自治体同士のやや範囲の狭い協議会も各地に設立されるようになった。さらに、テーマ別の「広域観光」のしくみとして「山車・からくりと観光地域づくり推進協議会」「銘酒街道推進会議」「全国産業観光推進協議会」「歴史街道推進会議」等々、各地に様々なテーマ別の、専門分野別の広域観光のしくみもできつつある。これらは主に民間の手で設立され、多くのものは法人格はもたず連絡調整、共同宣伝等を中心として活動しているが、地道な努力のなかから成果をあげているものも目立ってきた。

（DMO：Destination Management/Marketing Organization）「広域観光」を推進するしくみづくりは「協議会」等を中心として全国各地に広がってきたが、前述のように協議会のほとんどは法人格をもたず、地域の団体（自治体等）から独立して独自の施策を強力に進めるだけの財務基盤も弱く、人材も関係団体からの出向や非常勤の兼務等で賄っている状態のものが多い。このため調整連絡団体にとどまっているものがほとんどである。そこで近年の「広域観光」進展に伴い、法人格をもち財務基盤も確立し、施策企画力と商品販売力までもつと共に具体的な施策実施機関ともなる実質を伴った「広域観光」の指令塔にふさわしい強力なしくみを求める声が高まってきた。そこで欧米諸国の例も参考に日本版ともいうべき法人組織の"DMO"(広域観光推進機構)を結成する動きが各地でみられるようになってきた。国も先の「観光圏」構想をさらに前進させるものとしてDMOの設立を積極的に支援する体制を整えることになった。DMOは、民間主導型で設立されることを予定しているが、その候補となり得るしくみ設立を地域団体等と地方自治体が連名で計画し、国に登録して出発することになる。

そのうえで具体的事業推進について国の財政支援も受けるみちがひらかれた。既に全国で100以上の登録準備地域が名乗りをあげており、今後の「広域観光」推進のしくみの中核としての活動が期待されている。

③観光ネットワーク構築

新しい観光単位となる行政区画の枠をこえた「広域」内には観光資源(候補)が多数散(潜)

図8-1　観光資源広域ネットワーク例

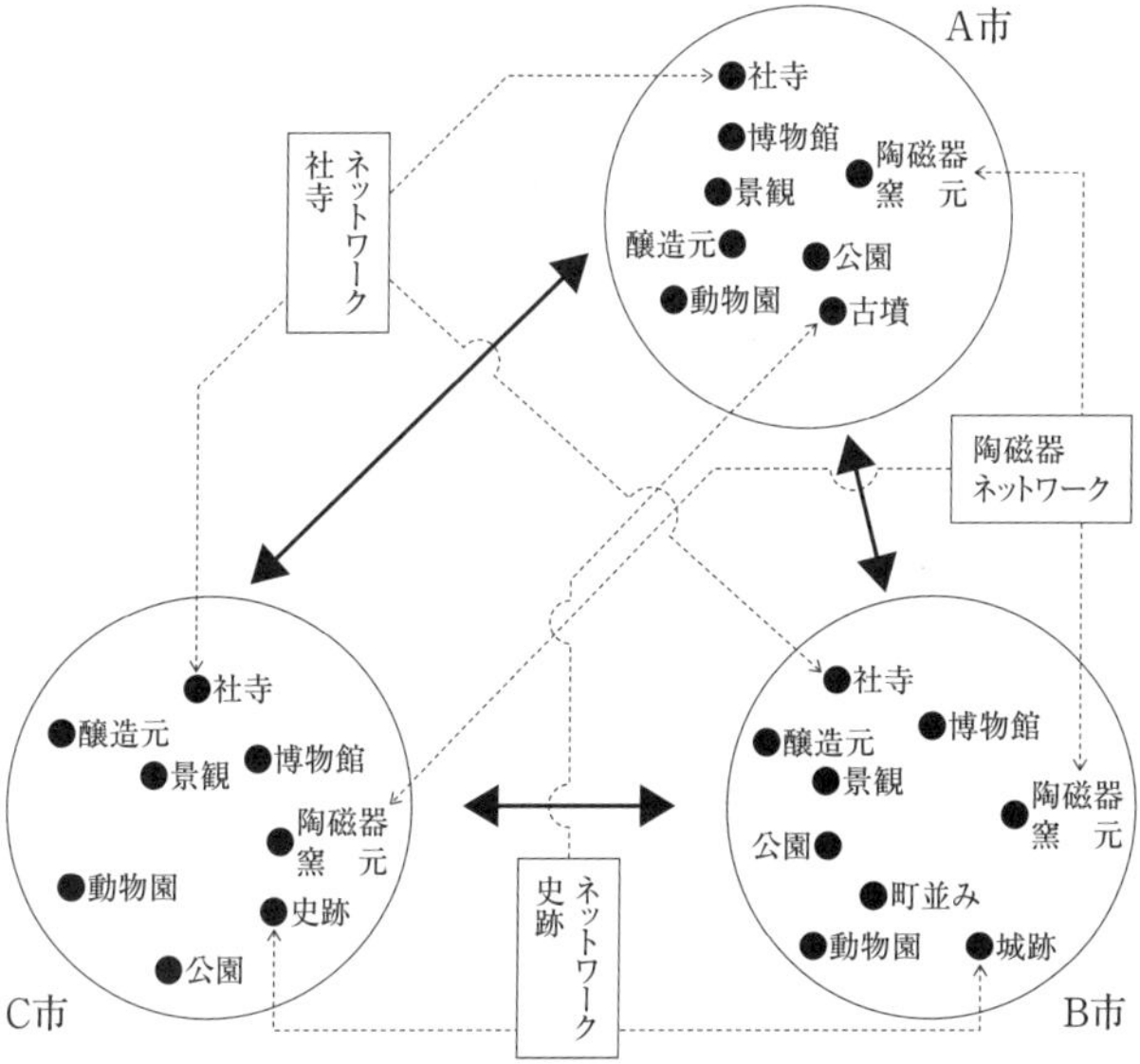

（注）1：←---→ 都市（町）間ネットワーク。　2：A、B、C市で広域観光圏形成。

在している。行動範囲のひろがった観光客が「広域観光」を効果的なものとするためには、広域にひろがる多くの観光資源をより観光しやすいものとすることが必要である。広域内の一定のエリアごとに（行政区画にこだわらず）観光資源（観光推進機関）同士のネットワークづくりも必要と考えられる。

（注）ネットワークの具体例—図8—1のように年代別に、また対象種別ごとに様々のものが考えられる。このようにして多くの観光資源をいわば空の星の「星座」（特定のグループの星が絶

えずまとまって同じ動きをする）のように体系化して情報発信することを考えたい。観光資源の「星座」ともいうべきネットワークに「星座」のように名前をつけストーリー（説明）を用意する、そのように散漫にならないまとまった体系づけられた資源をもつ「広域観光」の基礎単位を構築することが効果的と考えられる。

（施策例） 広域エリア内のネットワークごとに進めるもの

- 広域モデルコースの策定（史跡コース、温泉コース、名山・名川コース、テーマ別（ものづくり、街道など）コース等）
- ネットワークごとの広域案内資料（観光地図、ガイドマップを含む）
- 共同情報発信（自治体団体等の連合による）
- ネットワークの命名、シンボルマークの作成等
- ネットワークごとにイベントキャンペーン展開等

④「広域観光」の効果

- 観光効果を高める相乗効果　観光の効果は観光客が各地域の「光」を「観」、かつ「学び」「味

わう」ことによって得られる。その効果を高めるものは観光資源相互を見比べることによって、それぞれの地域の「光」の相乗作用が生じる際、得られるものがとくに大きいと考えられる。従って「広域観光」によってこの比較の範囲がひろがることが観光効果の向上に直結する。

・「三位一体」の「観光の」実現　新しい観光ニーズにそった観光として「見る」「体験」「学習」の三要素を満たした「広域観光」とすることが求められている。「広域観光」は対象となる観光資源の幅が広がることによって、この観光がより実現しやすいものとなる。

・着地型・長期滞在型観光の実現　発地の目線の観光から脱皮して着地（観光地住民）の目線にたった着地型観光への展開が求められている。「広域観光」は着地の幅がひろがることから観光資源の量質の充足が期待でき、また情報発信の充実によって着地型観光資源の造成発信も行いやすくなる。また観光地のひろがりによって当然、滞在日数が増え、より充実した観光となるほか、長期滞在型から二居住型観光への前進も期待される。

（2）「国際観光」の推進

①いまなぜ「国際観光」か

「交流の世紀」といわれる21世紀に入った。東アジア各国では人口増加、経済成長もあって「観光革命」といわれるほど国際観光市場は活況を呈してきた。このような動きに遅れをとらないため日本も「国際観光」の振興、とくに外国人観光客誘致を国策として重視、具体的な目標数値を国が掲げる等、国をあげての取組みを進めている。

2020年日本（東京）でのオリンピック開催が決定した。この国際イベントを成功させるためにも、また国際交流による世界平和実現・永続のためにも、さらに日本の国際収支を改善するためにも「国際観光」の推進は急務と考えられる。

しかし、諸外国に比べ日本の観光の国際競争力強化にはともすれば立遅れがみられる。また入出国管理がきびしいこと、外国人客受入れが言語障壁や今に残る古い商慣習などが障害となって外国人観光客は長く伸び悩みの状態が続いていた。急な円安の進行が追い風となって近年、近隣諸国からの観光客が急増したが、まだ国内観光客の1割程度にすぎず、欧州諸国や韓国、香港のように人口をはるかに上回る外国人客を受入れている諸国に比べれば、まだまだ充分な数ではない。為替相場等に左右されない安定した持続的観光として、日本人の国内観光と〝車の両輪〟をなすべきものとして外国人観光客の増による「国際観光」振興への要請は一段と高まってきた。

（注）国際観光数値目標（国の観光ビジョンによる）再掲

・2020年訪日外国人旅行者数　年間約4000万人（2015年度対比約2倍）

・2020年訪日外国人旅行消費額　年間約8兆円（2015年度対比約2倍）
・外国人リピーター人数　約2400万人（2015年間対比約2倍）
（外国人旅行者としているのは観光目的以外の来日客も含んだ数値であることを示す）

②「国際観光」の展開

日本の「国際観光」は万国博等を契機に少しずつ伸びを示し始めた。近年、急激な円安（外国為替市場）の進展により、来日観光客が急増、国の目標であった「2020年約2000万人」が平成28年（2016年）には達成された。このため前述のように目標値を更新し、新たなたかみをめざすことになった。しかし、他の主要諸国との比較に於いて現状はまだ十分なものとはいえない状態にある。

世界主要国の外国人客受入れ数の比較でも伸びたとは言え、日本はまだ16位、アジアでも6位にとどまっている（平成27年値）。しかも一時的な円安に誘われた面も否定できない、また相場が円高にふれると伸びが鈍るなど、不安定な面も見受けられる。

外国人の訪日観光需要を末永く持続的かつ安定的なものとする必要がある。このため今後の施策展開は外国人の日本訪問への意欲を高めるような施策、言いかえれば来日を躊躇する要因の除

図8-2　世界各国・地域への外国人訪問者数

（2015年上位40位）

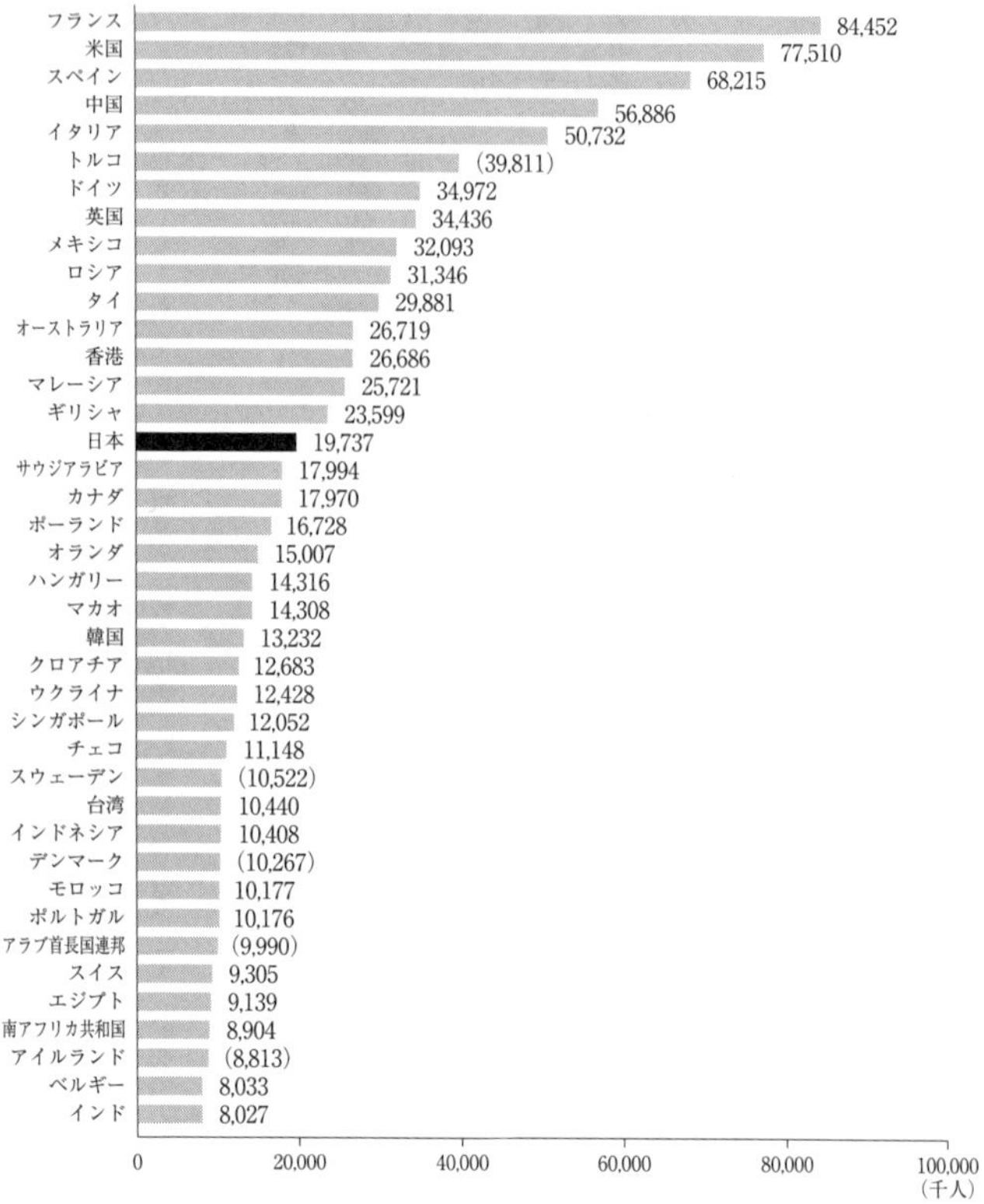

（注）1：本表の数値は2016年5月時点の暫定値である。
2：トルコ、スウェーデン、デンマーク、アイルランドは、2015年の数値が不明であるため、2014年の数値を、アラブ首長国連邦は2013年の数値を採用した。
3：アラブ首長国連邦は、連邦を構成するドバイ首長国のみの数値が判明しているため、その数値を採用した。
4：本表で採用した数値は、韓国、日本、台湾、ベトナムを除き、原則的に1泊以上した外国人訪問者数である。
5：外国人訪問者数は、数値が追って新たに発表されたり、さかのぼって更新されることがあるため、数値の採用時期によって、そのつど順位が変わり得る。
6：外国人旅行者数は、各国・地域ごとに日本とは異なる統計基準により算出・公表されている場合があるため、これを比較する際には注意を要する。
出典：日本政府観光局（JNTO）

去を持続的に推進しなければならない。外国人は訪日について何等かの懸念をもつ人が多く、このことが来日客が伸びない根本的な原因となっているとみられる。

第1は日本について何となく「遠方感」がもたれていることだ。日本は遠い、行きにくい国と思われがちなのである。距離的な遠方感は航空機の発達によってかなり時間距離的には軽減されてきた。しかし、入国ビザ発給条件が依然きびしい国が残ること、また外国人の入国審査に長い時間を要するという問題（例えば国の調査で平均待ち時間40分という報告があるほどだった。40分では約600㎞の飛行にあたるので、これを仮に「0」とすれば日本は600㎞近い国になる）等が「遠方感」を残している。入国手続の簡素化・効率化（事前審査方式等による）、またビザ発給要件緩和等もこの「遠方感」を除去する大きい効果をもたらす（国も入国手続き所要時間を平均20分以内とする目標を掲げて努力中である）。

第2は日本の観光物価に対する「割高感」である。

為替相場の円安傾向で日本の物価割高感はかなりな程度解消し、近年の観光客の増につながった。しかし、ここにも接遇面での対応の遅れから「割高感」が依然残り、外国人の来日制約の一因となっているものがある。例えば、日本旅館の多くに1泊2食付料金での契約という商慣習が残ること、また室料の決め方への説明不足等である。これらによって宿泊代が「割高感」を与え、和風旅館等への外国人の利用を躊躇させている。また観光産業の近代化の遅れから日本での観光関係商品が他国の同種のものに比べ依然割高と指摘されているところも残るので、観光産業の改革によってコストダウンをはかることが必要である。

第3に、日本での旅行に「不安感」が依然もたれていることに注目したい。その最大のものはことばの問題だ。日本語は外国では難解語とされる。従って、言葉による観光への「不安感」が残る。欧州各国のように案内標記の多言語表示（とくに緊急対策等にかかわる表示について）、多言語パンフレット・資料の配布、そして日本人の外国語会話能力向上などが期待される。

一方、外国人客受入れについての日本人側にもいくつかの懸念をもつ向きがある。これが外国人敬遠の現象を一部で生じさせ、また外国人客とのトラブルに発展するケースも増えてきている。この対応法については図8－3に表示した。例えば外国（人）への正しい理解をもつこと、接遇サービスへの改善努力、的確な情報発信等々がそれである。

以上、外国人客を誘致し、さらに国際観光を発展させるには様々な課題解決に取組む必要があるが、その多くの課題はソフトの問題、即ち主としてこころの持ちようで解決できるものが多い。即ち外国人客をもてなしの心で温かく迎える姿勢をもつことがそれであろう。

外国人が利用する交通・宿泊等のインフラ整備、関係法規制の見直し等の観光基盤整備への努力がその前提となることは勿論である。

③「国際観光」の効果

・国際相互理解の推進（文化的効果）　世界平和の原点は、世界の人々が相互に幅広く交流することによって他国の人とのコミュニケーションを深めることにある。また、「国際観光」による人的交流の活性化はそこに国際交流による新しい文化の創成発展が期待される。古代日本文化の発展は大陸諸国との人的交流によってもたらされたといってても過言ではない。即ち今後の国際観光交流で日本文化のさらなる発展がもたらされることが期待される。

・「国際観光」による経済効果　外国人観光客は国内を観光する際多くの経済効果をそこに残す。観光消費、とくに観光に伴う買物等による収入が多額にのぼることは近年の近隣諸国からの観光客の例をみても明らかである。主な産業資源や食料等の輸入依存が避けられない日本にとって「国際観光」のもたらす経済効果は貴重なものである。

「国際観光」の進展は上記のほか日本の観光資源の価値を相対的に高める効果もある。外国人によって海外に紹介されることのほか、外国人が日本人と異なった角度から日本の観光資源をみていることに日本人も刺激されて、新しい視点から観光資源の価値を再発見し、それを発信して

図8-3　訪日外国人のもつ懸念を杞憂に（施策との関連）

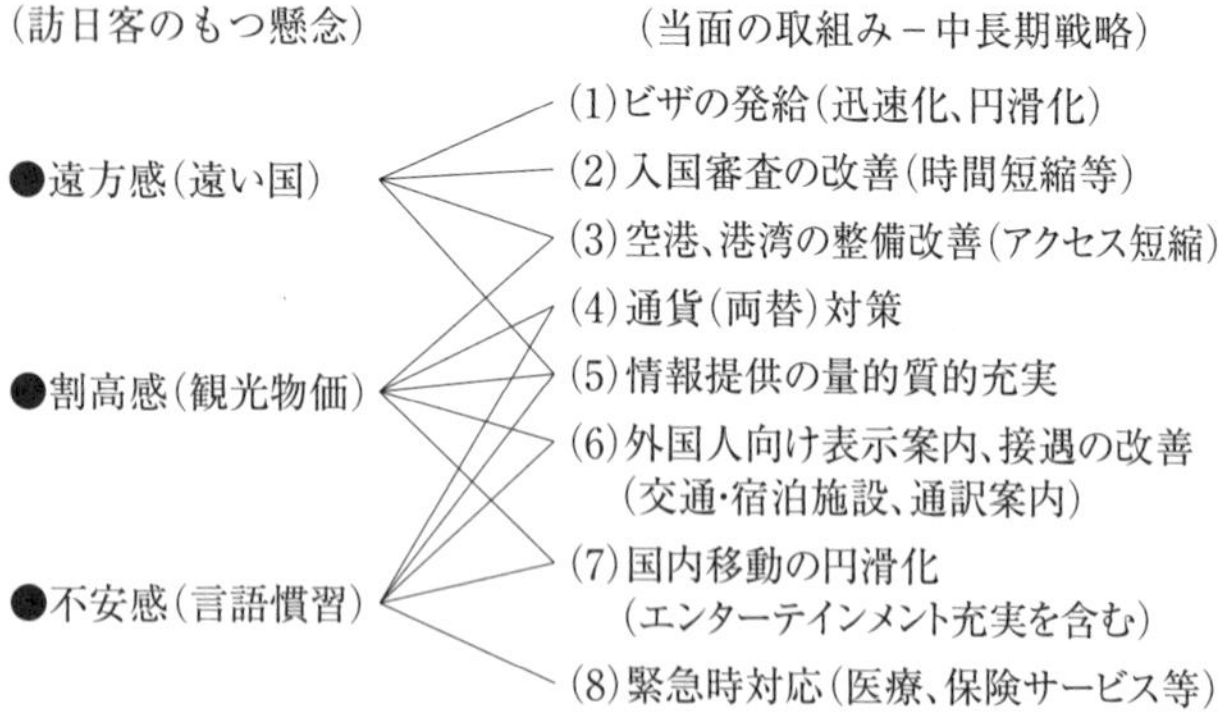
（訪日客のもつ懸念）
（当面の取組み－中長期戦略）
●遠方感（遠い国）
●割高感（観光物価）
●不安感（言語慣習）
(1)ビザの発給（迅速化、円滑化）
(2)入国審査の改善（時間短縮等）
(3)空港、港湾の整備改善（アクセス短縮）
(4)通貨（両替）対策
(5)情報提供の量的質的充実
(6)外国人向け表示案内、接遇の改善
（交通･宿泊施設、通訳案内）
(7)国内移動の円滑化
（エンターテインメント充実を含む）
(8)緊急時対応（医療、保険サービス等）

図8-4　日本人の外国人客受入れへの懸念を杞憂に

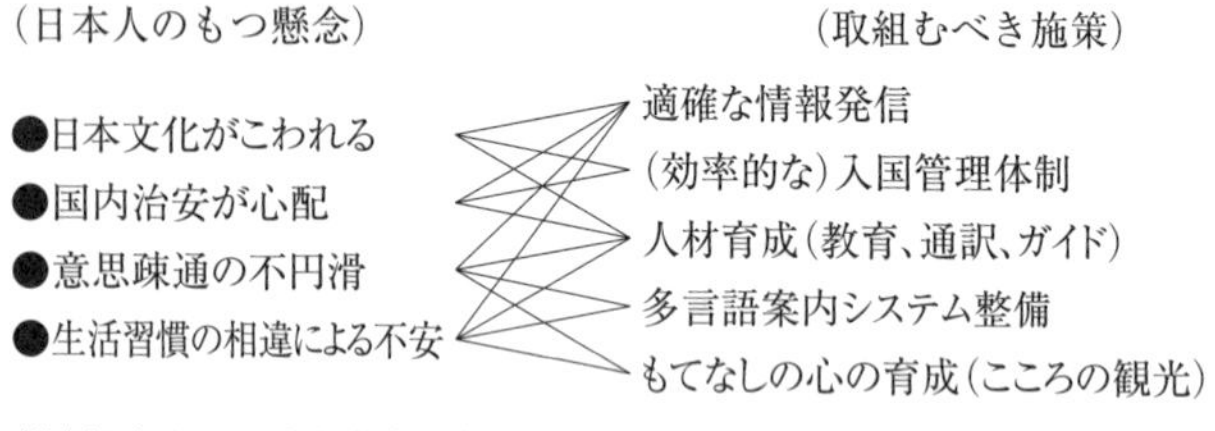
（日本人のもつ懸念）
（取組むべき施策）
●日本文化がこわれる
●国内治安が心配
●意思疎通の不円滑
●生活習慣の相違による不安
適確な情報発信
（効率的な）入国管理体制
人材育成（教育、通訳、ガイド）
多言語案内システム整備
もてなしの心の育成（こころの観光）

（注）観光立国戦略会議資料（筆者作成）による

大きい誘客効果をあげた例もある。

明治時代、日本の主要観光地の多く（軽井沢、上高地、雲仙等）が外国人観光客よって発掘されたことも忘れてはならない。

「国際観光」の振興発展によって世界に通じる新しい観光による文化創成が期待される。観光は文化活動であり、経済行動であるという観光の真の意味と役割は「国際観光」を通じてより鮮明に発揮できるのではなかろうか。

④「観光立国をめざして」さらなる前進を

さらなる「観光」の前進発展をはかるには、次の二つの「心《こころ》」を絶えずもつことが必要である。

第1は「常在観光のこころ」である。

地域のすぐれたもの、ないし地域の特長はどんな地域にも存（潜）在していると思う。それを顕在化させ観光対象から観光資源にまで高めるには、まず誰もがいつも「観光」地域ないし資源のなかにいることを忘れてはならない。観光は人々が非日常的体験をするなかから何らかの心の糧を得る行動でもある。前述のように、観光資源は場合によっては「何もない」ということでさえある。「何もない」とは非日常の最たるものであり、そのことがそこにある自然をひときわ大きく美しくみせることになるからである。その他、あまりにも日常的で観光価値を見過ごしがちな身の回りの品々、または景観等も他所に住む人にとっては新鮮な魅力を感じるものであることが多い。要は情報の発信いかんであり、ストーリー（説明）の適否にかかっているのである。まさに「常在観光」（いつも観光資源と共にいること）のこころをもって身の回りをみつめなおすことが「観光」の原点といえよう。このようにして、限られたいわゆる観光地（資源）だけでなく、至る所から観光情報が発信されるとき、人々の観光、即ち人的交流の流れはさらに多様化し、全国各地にその輪がひろがることとなろう。

第2は「観光するこころ」をもつことである。

「観光」は観光に赴く観光客側と観光客を受入れる観光地（資源）側との人的交流のなかで展開されるものである。この際、観光にかかわる両者がそれぞれ「観光するこころ」（観光マインド）をもって行動したいものと思う。即ち観光客は敬虔な「観光するこころ」をもって観光地に赴き、地域の人たちとそこで交流対話して相互理解を深めるという観光の実現である。

観光資源の保全保護への協力、観光地の人たちの温かい日常生活に接するような節度と深みのある観光の実現も、この「観光するこころ」をもつことが前提となろう。正しい観光マナーの実践がそこに期待される。

一方、受入側（観光地側）の人々も「観光するこころ」をもたなければならない。観光への正しい理解をもって観光資源を磨き、地域の整備（まちづくり）に努めること、また観光客を「観光するこころ」のこもったもてなし（ホスピタリティ）で温かく迎えることである。

このように「観光するこころ」をもった観光客と同じ「観光するこころ」をもった観光地側の人々が交流する時、そこに「心《こころ》」の通い合いによるよきコニュニケーション（対話）が成立し、それが観光文化をさらに創成発展させることとなろう。観光客と受入側の人々が「観光するこころ」を「絆」として一体化すること、これが観光の理想であり、今後の地域づくり国づくり―「観光立国」の基盤となるのではなかろうか。

コラム

広域観光周遊ルート

国（観光庁）では行政区画をこえた「広域観光」の推進を支援している。多くの観光地（観光資源）のネットワーク化をはかり（外国人）、観光客等の誘致とともに長期滞在型観光を実現するため「広域観光周遊ルート」を策定して「広域観光周遊ルート形成促進事業」を展開することとなった。この事業のためまず全国各地から「広域観光周遊ルート」の計画（案）を募集して、そのなかから「広域観光ルート」（形成計画）として次の11件のコースを観光庁がモデルコースとして認定した。

増加してきた外国からの観光客はいわゆる〝ゴールデンルート〟（東京〜大阪）のような限られた定番コースに集中する傾向が目立つ。また日本人の観光もそれに影響されてか大都市圏に集中する傾向がみられる。そこで国内全域に数多くの観光資源が広範囲に散在する日本の現状にかんがみ、それらをできるだけ幅広く観光してもらうため資源相互の関係、ストーリー等に沿って広域にわたるいくつかのモデルルートを策定。その組合せによって観光客にとって付加価値の高い、効果的観光の実現を期待することになったものである。

観光庁ではこのルートについて、①内外への情報発信を積極的に行う、②ルート整備（宿泊・交通施設等）に努める、③ルート内観光の資源の発掘、磨きあげ等の活動を支援する、④ルートにかかわるガイド等の人材育成等々の措置をとることになった。これによって旅行会社等によるルートの観光商品化、ルートぞいの各地域の連携による受入体制整備が重点的に官民協働のもとに進むことが期待されている。

広域観光周遊ルート形成計画（国土交通大臣認定）

ルートの名称（英訳含む）	申請者
アジアの宝 悠久の自然美への道 ひがし北・海・道 Hokkaido-Route to Asian Natural Treasures	「プライムロードひがし北・海・道」推進協議会
日本の奥の院・東北探訪ルート “Exploration to the Deep North of Japan”	東北観光推進機構
昇龍道 SHORYUDO	中部（東海・北陸・信州）広域観光推進協議会
美の伝説 THE FLOWER OF JAPAN,KANSAI	・関西広域連合　・関西経済連合会 ・関西地域振興財団
せとうち・海の道 The Inland Sea, SETOUCHI	・せとうち観光推進機構 ・瀬戸内観光ルート誘客促進協議会
スピリチュアルな島 ~四国遍路~ Spiritual Island ~SHIKOKU HENRO~	四国ツーリズム創造機構
温泉アイランド九州 広域観光周遊ルート Extensive sightseeing route of ‘Onsen Island’ Kyushu	九州観光推進機構
日本のてっぺん。きた北海道ルート。 Amazing Northernmost Japan,Hokkaido route	きた北海道広域観光周遊ルート推進協議会
広域関東周遊ルート「東京圏大回廊」 The Wider Kanto Route “Around Tokyo”	関東観光広域連携事業推進協議会
縁（えん）の道 ～山陰～ Route Romantique San’ in	山陰インバウンド機構
Be.Okinawa 琉球列島周遊ルート “Visit Our Exciting Ryukyu Islands in The Pacific Ocean”	Be.Okinawa 琉球列島周遊ルート形成推進協議会

広域観光周遊ルート形成計画（認定）位置図

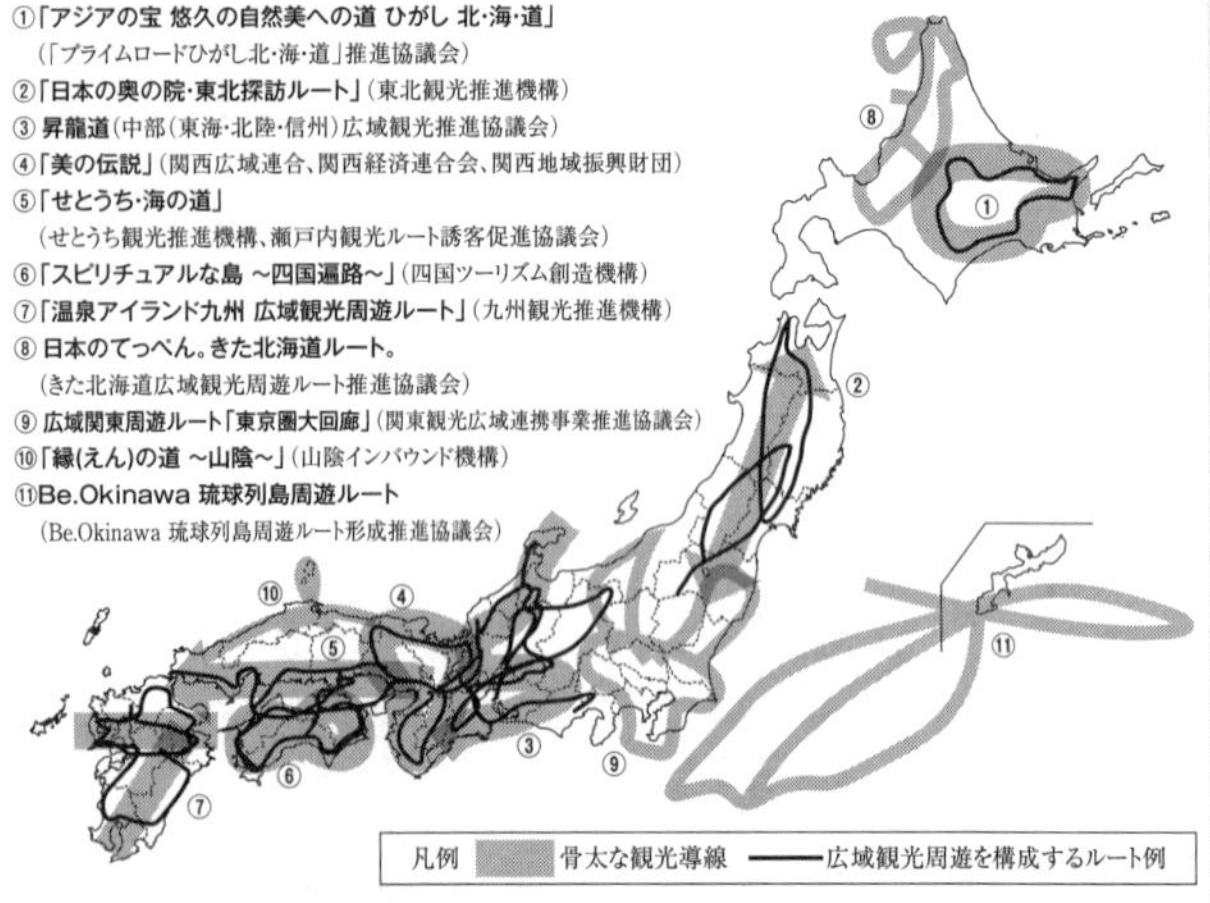

※申請のあった広域観光周遊ルート形成計画について骨太な観光導線及び広域観光周遊を構成するルート例を概略的にイメージ化したもの。

コラム

”観光トライアングル“構築への提案

観光に推進するため、二つの「トライアングル（三角形）」を構成することを提案したい。

第1は「観光推進トライアングル」の構築である。

観光は国、地方自治体の「官」と経済団体（商工会議所等）、観光団体、企業等の「民」の関係箇所の協働連携による取組みがあって初めて実効をあげることができる。

またその基盤として一般市民（市民団体）の理解と参加、協力が是非とも必要である。このため各地域ごとに図示の連携協働のための観光推進「トライアングル」状の仕組みを構成（関係機関等による実行委員会を組織すること等）し、まちをあげてさらに国をあげて観光を進める国民観光運動にまで高める必要がある。

第2は「観光地域間のトライアングル」の構築だ。

図には首都圏、北陸地域、近畿圏、東海圏にわたる「トライアングル」を例示した。①3地域をそれぞれに宿泊地として3泊4日（当該地域のいずれからか出発する場合は2泊3日となる）コースとする、②各地域間の移動時間は2時間台以内であれば宿泊地を朝出発すれば次の地域でその日のほぼ全日が観光に使えることになる。また「トライアングル」のために往復路が異なることになり観光の幅を広げることができる。この点がトライアングル（コース）の特長である。「トライアングル（三角形）」は国土測量の際に三角点を全国的に設定、それを頂点として全国の多数の三角点網を総合して行っていたことでもわかるように、「トライアングル」同士が結合しやすく国内全域の効果的な観光ネットワークづくりにつながることである。地図づくりと同じように国全体にある多くのモデルコースの組合せが提案できることになる。そして交流範囲も飛躍的にひろがる可能性が生まれる。国全体を観光コース化すべく、全国「トライアングル観光網」を地域間で協議しながらすみやかに構築、それに沿って適切交通・宿泊インフラを計画的に整備して「観光立国」の基盤を固めていきたいものと思う。

観光推進トライアングル（例）

（注）このトライアングル運営は関係機関で
実行委員会を組織して行う

観光地域トライアングル（例）

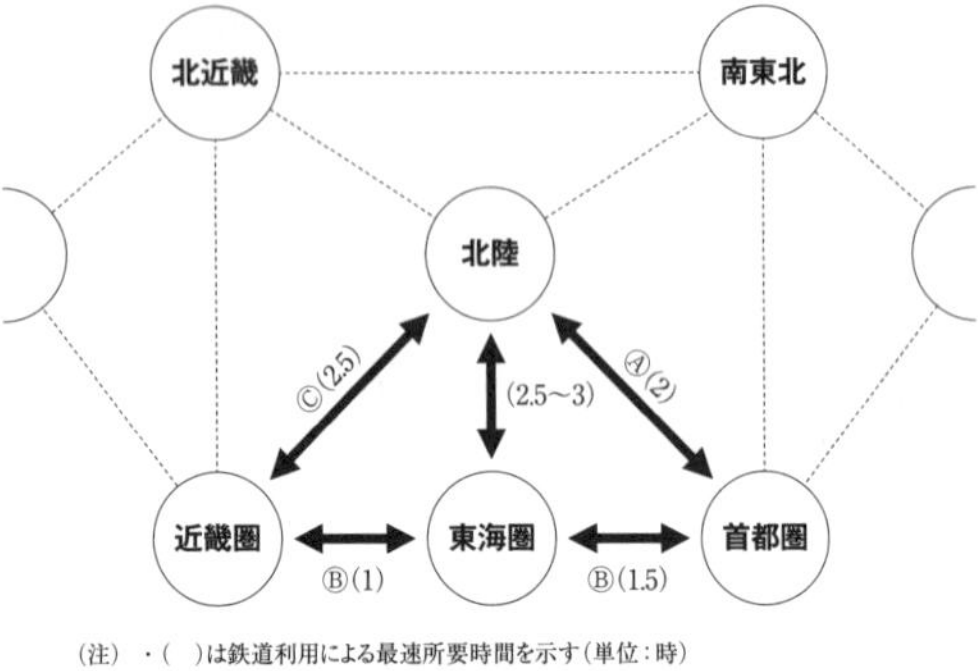

（注）・（　）は鉄道利用による最速所要時間を示す（単位：時）
Ⓐは北陸新幹線、Ⓑは東海道新幹線、Ⓒは在来線（特急）利用によるもの
・--------は他の隣接トライアングルと結ぶ可能性を示す

参考資料

都道府県別人口確定値（2015年国勢調査）

	人口（人）	増減率（%）
全　　国	127,094,745	▼0.8
北海道	5,381,733	▼2.3
青森県	1,308,265	▼4.7
岩手県	1,279,594	▼3.8
宮城県	2,333,899	▼0.6
秋田県	1,023,119	▼5.8
山形県	1,123,891	▼3.9
福島県	1,914,039	▼5.7
茨城県	2,916,976	▼1.8
栃木県	1,974,255	▼1.7
群馬県	1,973,115	▼1.7
埼玉県	7,266,534	1.0
千葉県	6,222,666	0.1
東京県	13,515,271	2.7
神奈川県	9,126,214	0.9
新潟県	2,304,264	▼3.0
富山県	1,066,328	▼2.5
石川県	1,154,008	▼1.3
福井県	786,740	▼2.4
山梨県	834,930	▼3.3
長野県	2,098,804	▼2.5
岐阜県	2,031,903	▼2.3
静岡県	3,700,305	▼1.7
愛知県	7,483,128	1.0

	人口（人）	増減率（%）
三重県	1,815,865	▼2.1
滋賀県	1,412,916	0.2
京都府	2,610,353	▼1.0
大阪府	8,839,469	▼0.3
兵庫県	5,534,800	▼1.0
奈良県	1,364,316	▼2.6
和歌山県	963,579	▼3.9
鳥取県	573,441	▼2.6
島根県	694,352	▼3.2
岡山県	1,921,525	▼1.2
広島県	2,843,990	▼0.6
山口県	1,404,729	▼3.2
徳島県	755,733	▼3.8
香川県	976,263	▼2.0
愛媛県	1,385,262	▼3.2
高知県	728,276	▼4.7
福岡県	5,101,556	0.6
佐賀県	832,832	▼2.0
長崎県	1,377,187	▼3.5
熊本県	1,786,170	▼1.7
大分県	1,166,338	▼2.5
宮崎県	1,104,069	▼2.7
鹿児島県	1,648,177	▼3.4
沖縄県	1,433,566	2.9

※増減率は10年国勢調査

政令指定都市別観光地入込客統計

（単位：万人）

年 / 政令指定都市名	2010（平成22）	2011（平成23）	2012（平成24）	2013（平成25）	2014（平成26）
注1 札幌市	1,261	1,217	1,304	1,356	1,342
仙台市	1,979	1,621	1,855	1,867	1,975
さいたま市	2,132	1,934	2,062	2,379	2,363
千葉市	2,557	2,167	2,371	2,358	2,255
横浜市	4,197	3,610	4,243	4,566	4,426
川崎市	1,316	1,316	1,416	1,448	1,504
相模原市	1,017	787	1,164	1,174	1,102
注2 新潟市	1,531	1,563	1,670	1,714	1,845
注1 静岡市	2,746	2,366	2,499	2,769	2,627
注1 浜松市	1,498	1,300	1,659	1,750	1,852
注1 名古屋市	3,530	3,326	3,494	3,580	3,965
注3 京都市	4,955	－	－	5,162	5,564
注1 大阪市	11,595	－	－	－	－
注1 堺市	706	－	－	－	－
神戸市	1,968	1,849	1,975	2,287	2,233
注4 岡山市	463	410	531	563	584
広島市	1,057	1,067	1,087	1,151	1,165
北九州市	1,642	1,678	1,740	1,782	1,855
注3 熊本市	1,163	974	1,084	1,140	1,114
	533	547	523	544	557

注：1　年度集計
　　2　平成22年4月より統計手法変更
　　3　平成23年より統計手法変更
　　4　平成24年より統計手法変更
※「－」については、公表していない。
資料：各自治体
　　日本観光振興協会による。

（単位：万人）

都道府県＼年	2011（平成23）	2012（平成24）	2013（平成25）	2014（平成26）	2015（平成27）
鳥取県	936	767	1,001	920	945
島根県	1,035	1,119	1,377	1,265	1,166
岡山県	1,459	1,322	1,232	1,422	1,449
広島県	1,919	2,143	2,344	2,405	2,310
山口県	1,466	1,729	1,772	1,754	1,813
徳島県	903	941	1,044	1,137	1,010
香川県	1,407	1,546	1,539	1,712	1,674
愛媛県	1,259	1,356	1,311	1,461	1,497
高知県	631	632	590	570	
福岡県					
佐賀県	1,346	1,302	1,292	1,862	2,022
長崎県	972	1,438	1,645		
熊本県	1,957	2,473	3,403	2,578	
大分県	1,983	1,754	1,756	1,890	2,287
宮崎県	1,266	1,390	1,518	1,447	
鹿児島県	1,664	1,647	1,671	1,699	1,868
沖縄県	1,097	1,047	1,069		
合計	158,414	167,752		3,686	119,202

注：空欄は統計方式未加入若しくは未集計

※観光入込客数は、実人員であり、観光地点等ごとの重複を除いた数値であり、１人の観光入込客が当該都道府県の重複の観光地点を訪れたとしても１人回と数える。

資料：国土交通省観光庁「観光入込客統計に関する共通基準」2016（平成28）年8月19日現在
（日本人観光目的＋日本人ビジネス目的＋訪日外国人）

都道府県別観光地入込客統計

都道府県 ＼ 年	2011（平成23）	2012（平成24）	2013（平成25）	2014（平成26）	2015（平成27）
北海道	4,748	5,271	5,290	5,356	5,448
青森県	1,350	1,389	1,305	1,497	1,474
岩手県	1,453	1,286	1,136	1,150	1,165
宮城県	2,180	3,051	2,446	2,987	2,912
秋田県	1,207	1,041	1,168	1,204	1,154
山形県	1,670	1,656	1,816	2,021	
福島県	1,814	2,173	2,216	2,147	2,006
茨城県	2,664	3,258	3,224	3,345	3,859
栃木県	3,547	4,223	4,187	4,516	4,717
群馬県	2,888	2,910	2,889	2,984	3,065
埼玉県	8,651	10,005	9,937		
千葉県	8,342	8,602	8,934		
東京都	42,420	47,482	51,264	51,512	52,859
神奈川県	9,087	7,115	9,887	10,496	
新潟県	3,048	2,952	3,534	3,724	3,684
富山県	979	867	1,124	1,238	
石川県	1,549	1,221	1,635	1,811	
福井県					
山梨県	2,411	2,735	2,968	3,002	3,146
長野県	3,556	3,787	3,761	3,595	4,445
岐阜県	3,589	3,619	3,844	3,686	
静岡県	6,442	6,257	4,714		7,685
愛知県	8,433	9,362	10,344	10,544	
三重県	2,909	2,749	3,715	3,192	3,542
滋賀県	2,369	1,981	1,864	1,899	
京都府			6,129	6,385	
大阪府					
兵庫県	6,896	7,026	7,034	7,399	
奈良県	1,886	1,936	1,985	2,094	
和歌山県	1,026	1,192	1,166	1,143	

都道府県別宿泊施設タイプ別客室稼働率（平成27年1月12月（確定値））

（左、単位:%、右宿泊施設タイプ別の都道府県順位）

	全体		旅館		リゾートホテル		ビジネスホテル		シティホテル		簡易宿所	
三重県	50.2	36	30.6	38	51.5	25	65.9	37	74.3	19	7.0	47
滋賀県	59.0	17	32.5	30	58.2	14	74.9	12	69.6	27	20.3	19
京都府	71.3	4	49.3	4	53.0	20	83.2	3	85.7	2	36.4	5
大阪府	84.8	1	50.5	3	89.8	1	86.8	1	86.8	1	57.8	2
兵庫県	60.1	14	36.2	27	58.8	11	80.8	4	80.2	9	17.0	31
奈良県	45.4	44	29.0	41	73.4	5	68.2	29	77.5	13	20.7	18
和歌山県	47.9	39	40.9	12	54.5	19	64.4	41	71.8	21	15.1	35
鳥取県	50.5	33	37.1	22	23.6	47	70.6	23	74.9	17	11.8	41
島根県	56.4	18	36.9	23	33.2	44	74.6	13	68.9	29	22.2	16
岡山県	55.5	19	29.5	40	40.3	39	71.5	21	66.1	33	20.3	20
広島県	64.6	11	36.8	24	58.3	12	78.1	7	79.1	11	29.4	11
山口県	59.9	15	40.8	13	52.3	22	66.9	35	65.1	36	20.2	22
徳島県	50.4	34	26.4	42	52.0	23	67.5	32	62.3	42	15.6	34
香川県	54.4	24	32.1	32	56.4	16	65.0	39	64.5	37	18.7	26
愛媛県	54.0	25	49.2	5	47.1	29	64.4	42	69.1	28	18.1	28
高知県	47.5	40	31.2	34	45.1	30	63.3	45	70.1	25	17.8	29
福岡県	68.4	6	30.2	39	66.0	7	71.4	22	81.0	7	31.7	8
佐賀県	55.0	22	47.3	6	65.6	8	61.9	46	56.2	47	13.7	38
長崎県	59.1	16	39.2	16	66.2	6	72.0	18	76.6	16	15.9	33
熊本県	55.3	20	38.7	19	57.1	15	68.4	28	71.1	24	17.5	30
大分県	53.6	26	36.5	25	60.0	10	67.4	33	67.0	32	14.6	36
宮崎県	52.7	29	30.7	37	42.5	34	65.0	40	60.6	43	19.7	23
鹿児島県	52.2	30	37.1	21	41.6	35	65.4	38	64.1	39	16.7	32
沖縄県	66.7	8	11.9	47	75.0	3	75.6	10	80.8	8	34.8	6

都道府県別宿泊施設タイプ別客室稼働率（平成27年1月12月（確定値））

（左、単位:%、右宿泊施設タイプ別の都道府県順位）

	全体		旅館		リゾートホテル		ビジネスホテル		シティホテル		簡易宿所	
全　国	60.3	−	37.0	−	56.0	−	74.2	−	79.2	−	27.1	−
北海道	61.8	12	46.4	7	48.2	27	72.3	17	77.5	14	25.9	12
青森県	49.9	37	40.3	14	43.3	33	66.0	36	59.1	45	11.9	40
岩手県	53.0	28	38.7	18	40.6	38	69.5	25	65.1	35	29.4	10
宮城県	61.3	13	45.9	9	41.4	36	73.1	14	69.9	26	34.0	7
秋田県	45.6	43	32.3	31	34.7	42	61.0	47	64.1	40	20.2	21
山形県	47.1	42	31.3	33	28.5	46	67.9	30	67.8	30	10.4	45
福島県	53.0	27	36.3	26	43.5	32	79.2	6	74.7	18	9.1	46
茨城県	51.7	31	24.9	45	44.4	31	63.7	44	67.2	31	14.1	37
栃木県	48.2	38	38.9	17	49.3	26	67.4	34	59.5	44	11.7	42
群馬県	50.3	35	44.7	10	41.3	37	67.6	31	64.2	38	10.7	44
埼玉県	66.7	9	24.7	46	35.6	41	75.6	11	79.6	10	24.8	14
千葉県	71.4	3	41.0	11	82.9	2	71.9	19	81.2	6	29.5	9
東京都	82.6	2	59.0	1	74.4	4	85.3	2	83.6	3	63.4	1
神奈川県	66.8	7	46.0	8	60.1	9	79.4	5	82.0	5	44.6	3
新潟県	41.6	46	25.3	44	31.0	45	64.3	43	65.2	34	21.3	17
富山県	55.2	21	35.9	29	47.7	28	72.9	15	71.2	23	25.7	13
石川県	65.1	10	56.7	2	55.0	18	77.4	9	79.0	12	22.8	15
福井県	42.7	45	30.8	36	33.8	43	69.4	26	56.6	46	11.1	43
山梨県	47.5	41	36.0	28	58.2	13	71.5	20	62.4	41	19.1	25
長野県	35.4	47	26.0	43	37.1	40	68.7	27	71.8	22	12.4	39
岐阜県	50.8	32	38.4	20	52.0	24	72.7	16	72.3	20	19.6	24
静岡県	54.5	23	39.7	15	52.7	21	70.2	24	76.9	15	18.3	27
愛知県	71.2	5	31.0	35	56.4	17	78.0	8	82.6	4	43.6	4

注:：国土交通省観光庁資料による

都道府県別延べ宿泊者数（平成27年1月～12月(確定値)）と前年比

（単位：人泊）

施設所在地	延べ宿泊者数	前年比
全国	504,078,370	+6.5%
北海道	32,591,070	+5.2%
青森県	5,006,470	+11.0%
岩手県	6,156,280	+4.5%
宮城県	10,820,670	+5.5%
秋田県	3,457,240	-8.1%
山形県	5,973,260	+1.3%
福島県	11,473,400	+3.7%
茨城県	5,740,920	+5.1%
栃木県	10,288,850	+7.4%
群馬県	8,828,080	+2.7%
埼玉県	4,330,720	+5.4%
千葉県	22,573,510	+6.5%
東京都	59,087,920	+8.9%
神奈川県	19,065,960	-0.7%
新潟県	10,259,960	+6.8%
富山県	3,990,920	+14.4%
石川県	8,729,520	+15.7%
福井県	4,163,910	+9.9%
山梨県	8,425,870	+11.3%
長野県	19,213,380	+7.4%
岐阜県	6,778,010	+11.1%
静岡県	22,530,110	+7.2%
愛知県	16,622,180	+8.0%
三重県	9,458,820	+7.6%
滋賀県	5,393,240	+16.5%
京都府	18,255,030	+7.5%
大阪府	30,366,080	+7.0%
兵庫県	14,163,920	+2.9%
奈良県	2,552,560	+12.4%
和歌山県	4,736,400	+6.3%
鳥取県	2,994,290	-1.6%
島根県	3,417,450	+6.2%
岡山県	5,163,880	-4.2%
広島県	9,421,370	+9.9%
山口県	4,847,160	+8.0%
徳島県	2,314,910	-19.3%
香川県	4,076,570	+17.7%
愛媛県	3,773,550	+5.0%
高知県	2,819,870	-2.9%
福岡県	16,143,170	+6.0%
佐賀県	3,052,190	+7.5%
長崎県	8,672,440	+18.6%
熊本県	7,130,540	+3.8%
大分県	7,388,270	+21.1%
宮崎県	3,792,000	+8.9%
鹿児島県	7,972,730	+5.8%
沖縄県	20,063,730	-0.4%

おわりに

本書は業務の合間の限られた時間で少しずつ執筆したものを集約して書き直したものである。そのため内容に若干ではあるが重複があったり、章別のつながり等に反省の余地のあるものとなった。しかし実務者である私の限界を補って、左記の方々はじめ多くの方々にご指導ご支援をいただき上梓にこぎつけることが出来たことを感謝申し上げたい。

とくに以下の皆様には、資料提供等特段のご指導ご支援をいただいたことに御礼申し上げる。

日本観光振興協会　丁野朗さん、西村哲治さん、太田芳美さん
日本商工会議所　栗原博さん
東海旅客鉄道株式会社　草深陽太さん
交通新聞サービス　林房雄さん
交通新聞社編集出版スタッフの皆さん

以上

参考文献

・観光事典、日本観光協会（平成7年）
・産業考古学と産業文化財、青木栄一（平成7年）
・観光の20世紀、石森秀三編、ドメス出版（平成8年）
・21世紀の産業技術ミュージアム、田中浩太郎「産業技術保存継承シンポジウム」講演録（平成9年）
・わくわくモノづくり・ランド中部、中日新聞社（平成9年）
・観光資源論、足羽洋保、中央経済社（平成9年）
・観光地づくりの実践、日本観光協会（平成10年）
・観光資源と環境、北川宗忠、サンライズ出版（平成11年）
・現代観光総論、前田勇編、学文社（平成11年）
・キーワードで読む観光、徳久球雄、学文社（平成11年）
・観光、安村克己、学文社（平成13年）
・新しい観光、須田寛、交通新聞社（平成18年）
・産業観光への取り組み、財団法人日本交通公社（平成19年）
・産業観光１００選、産業観光推進協議会、交通新聞社（平成20年）
・産業観光、須田寛、交通新聞社（平成27年）
・街道観光、須田寛、交通新聞社（平成25年）
・都市観光、須田寛、交通新聞社（平成27年）
・その他、「観光白書」、雑誌「観光」「教育旅行」「レジャー白書」

須田　寛（すだ　ひろし）
昭和29年3月京都大学法学部卒。4月日本国有鉄道入社。昭和62年4月東海旅客鉄道株式会社代表取締役社長、平成7年6月代表取締役会長、平成16年6月相談役。
（公社）日本観光振興協会全国産業観光推進協議会副会長を務めるほか、日本商工会議所、名古屋商工会議所などで観光関係の活動に携わる。
主な著書に、「産業観光」「新しい観光」「昭和の鉄道」（いずれも交通新聞社）、「東海道新幹線Ⅱ」（ＪＴＢ）、「新・産業観光論」（共著、すばる舎）など多数。

交通新聞社新書107
日本の観光　きのう・いま・あす
現場からみた観光論
（定価はカバーに表示してあります）

2017年2月15日　第1刷発行
2019年3月27日　第2刷発行

著　者――須田　寛
発行人――横山裕司
発行所――株式会社　交通新聞社
http://www.kotsu.co.jp/
〒101-0062　東京都千代田区神田駿河台2-3-11
NBF御茶ノ水ビル
電話　東京（03）6831-6560（編集部）
東京（03）6831-6622（販売部）

印刷・製本―大日本印刷株式会社

ISBN978-4-330-76117-6